LA MUERTE DEL CABALLO ALADO

Un viaje al encuentro de tus barreras internas

Jennifer Delgado Suárez

La muerte del caballo alado. Un viaje al encuentro de tus barreras internas.

"Cada libro es un mensaje lanzado en una botella al mar

con la esperanza de que arribe a otra orilla…"

Isabel Allende

"Mi país inventado"

Nosotros somos lo que sepamos hacer con lo que la gente hace de nosotros.

Sartre

ÍNDICE

¡ALERTA!

No me gustan las etiquetas, me aterra la posibilidad de enclaustrar bajo un rótulo permanente a las personas o a las situaciones. Sin embargo, la etiquetación es una moda bastante común entre todos, casi una tendencia compulsiva, entre otros factores porque facilita la comprensión del mundo, dándole al mismo un sentido "altamente organizado" y, por demás, bastante simple.

Entonces es perfectamente normal etiquetar los libros, no solo en los estantes de las librerías (obviamente para facilitar al lector el encuentro con lo que busca), sino también en las mentes de cada persona. Por consiguiente aparecen las más diversas clasificaciones: ficción, ciencias políticas, psicología y ¡¡¡autoayuda o crecimiento personal!!!

Me gustaría alertar a los que aman la etiquetación: ¡este no es un libro de autoayuda o crecimiento personal! o por lo menos no fue concebido bajo ese rótulo, quisiera llamarlo un libro de diálogo constructivo, siempre que me lo permitan los expertos en comunicación; un libro donde intento contactar con las personas. No es mi objetivo brindar recetas ya establecidas, perfectamente estructuradas y en la mayoría de las ocasiones completamente ineficaces. No creo que existan ejercicios para facilitar el cambio interior, ¿puede lograrse el cambio interior realizando ejercicios frente al espejo o rellenando hojas con aquello que supuestamente pensamos o sentimos? En algunos casos puede ser posible, no hay que ser extremadamente rígidos o encerrados en nuestras opiniones, no obstante siempre prefiero una transformación basada en la reflexión consigo mismo, escojo el cambio fundado en la autocrítica porque creo que esta manera de comprenderse y ayudarse posee un carácter más permanente y más congruente con lo que es cada persona.

Pero... ¿cómo escribir un libro de esta índole? ¿Cómo comunicar con las personas para mostrarles un camino que debe ser diferente para cada uno?

Una estudiante me certificó la vía para desarrollar esta forma de ayuda, estas reflexiones.

En una ocasión tuve en mi aula a una estudiante de psicología que era sumamente inteligente y muy crítica. Siempre parecía muy interesada en mis clases aunque con el resto de los profesores no exhibía igual interés. Un día mientras conversábamos me preguntó:

– Profesora, ¿sabe por qué siempre asisto a sus clases?
– No. – Le respondí. Aunque por supuesto, a mi mente acudieron decenas de posibles razones, ninguna de las cuales coincidió con la que me brindó la estudiante.
– Porque en sus clases no encuentro respuestas sino preguntas que no permiten que me pierda en el camino.

Este es un libro que desea propiciar la libertad personal, no pretende cambiar una dependencia por otra, como suele suceder con algunas personas que van al psicoanalista y cambian su adicción a la madre, al hijo, a las drogas... por una nueva adicción: su adhesión casi enfermiza al psicoanalista. El objetivo esencial del libro es repensar la influencia que ejerce la sociedad sobre cada uno de nosotros, cómo el desarrollo actual contribuye a construir y mantener una serie de barreras personales que nos impiden lograr el equilibrio emocional; descubrir aquellas creencias y comportamientos negativos que no facilitan el éxito. Este libro fue escrito para repensarse como persona, para descubrir y construir un nuevo yo; reflexionar sobre aquellos temas esenciales que determinan en gran medida quiénes somos y lo que hemos logrado.

El problema no es arribar a verdades absolutas, inamovibles, a recetas universales; lo esencial es repensarse, arribar a través del camino conjunto a una verdad particular, a un yo que se reconoce y se acepta. Pero sobre todo, lo importante no es el fin, es el camino que se atraviesa, es descubrir el método para hacer el pasaje siempre más interesante, más productivo y más personal.

Existe una idea que constituye un hilo director a través de la lectura: nunca es suficiente hablar, es necesario ser escuchado pero no basta ser escuchado, es imprescindible ser comprendido y aceptado. Para que el amor fructifique no es suficiente con amar, se necesita también ser amado y, para ser amado, se necesita hacerse amar y dejarse amar. Para comunicar y amar intensamente es necesario comprenderse, aceptarse y amarse a sí mismo.

CAPÍTULO 1

Historia No. 1: ¿Cómo crecer?

Un jardinero fue hasta su jardín y descubrió que sus árboles y flores estaban muriendo. Le preguntó a cada uno la causa de aquella desesperanza.

El Roble le dijo que se moría porque no podía ser tan alto como el Pino.

Volviéndose al Pino, lo halló caído porque no podía dar uvas como la Vid y a su vez, ésta se moría porque no podía florecer como la Rosa.

La Rosa se lamentaba porque no podía ser alta y sólida como el Roble. Entonces encontró una planta que estaba floreciendo: una Fresia.

El jardinero asombrado le preguntó: -¿Cómo es que creces saludable en medio de este jardín tan mustio y sombrío?

- No lo sé. Quizás sea porque siempre supuse que cuando me plantaste, querías fresias. Si hubieras querido un Roble o una Rosa, los habrías plantado. En aquel momento me dije: "Intentaré ser Fresia de la mejor manera que pueda". [*1]

Punto de partida

¿Por qué muchas personas se sienten mal consigo mismas y con el mundo? ¿Por qué existen tantas personas que experimentan rabia o se sienten continuamente deprimidas, ansiosas, estresadas... hasta el punto de percibir que han perdido el control de sus vidas y que no hay más camino por andar?

He intentado encontrar un punto de partida, un común denominador que me permita comprender los casos que he hallado en mi práctica profesional y, normalmente, existe una causa similar: las personas poseen una imagen distorsionada de sí mismas, una imagen negativa que no favorece el auto crecimiento, la aceptación constructiva de los acontecimientos, que no facilita el establecimiento de relaciones interpersonales saludables. Las personas que se deprimen con facilidad, que se encuentran continuamente estresadas, que poseen problemas para aceptar el cambio y sienten que han perdido el control de sus vidas necesitan reestructurar su forma de comprender el mundo y la manera de relacionarse con su yo. Necesitan entender que en cada situación coexiste lo positivo y lo negativo y que la magnificación de uno u otro aspecto es, usualmente, una decisión personal.

La mayoría de nosotros podemos identificarnos con algún personaje de la historia que da inicio al capítulo. ¿Somos como el Roble: fuertes y resistentes ante las adversidades o quizás flexibles y soñadores como el Pino? ¿Somos personas atrayentes y cautivantes como el Rosal? Sin embargo, ninguna de estas potencialidades nos satisfacen plenamente porque nos sumergimos en una búsqueda perenne de la perfección, inmersos en una competición que no tiene ningún sentido. Deseamos ser como los otros: tan bella como... tan creativo como... tan inteligente como... tan sensible como... tan exitoso como... No buscamos nuestro mejoramiento como personas, basado en un conocimiento profundo de quién somos y qué deseamos, sino que nos sumimos en un proceso de autonegación siguiendo ideales que muchas veces nos resultan inalcanzables, por lo cual, terminamos experimentando la desesperanza. En fin, existen pocas personas que son como la Fresía, que se aceptan tal cual son, que poseen un conocimiento exhaustivo de sus potencialidades y emprenden la vida de la mejor manera que pueden. No vale la pena quejarse por aquello que no tenemos y no podemos conseguir, es mejor analizar con qué contamos y qué podemos lograr con esas potencialidades.

Antes de continuar desearía aclarar, una vez más, que este no es un análisis positivo, de aquellos que aseveran que todo es posible con solo desearlo. Erich Fromm escribió en un libro magistral: "El miedo a la libertad" que las fórmulas optimistas son tan inadecuadas como una danza india para provocar la lluvia. Considero que existen contingencias negativas del medio: se pierde el trabajo que amamos y al que le hemos dedicado mucho esfuerzo; existen situaciones ambientales catastróficas como los terremotos, las inundaciones, los huracanes que nos arrebatan aquellos bienes por los que hemos trabajado toda nuestra vida; se pierden personas queridas que hubiésemos deseado permanecieran a nuestro lado. Estos y otros hechos poseen, sin duda alguna, un componente de valencia altamente negativa y su superación demanda la puesta en práctica de todos nuestros recursos psicológicos. Sin embargo, aquellas personas que no han desarrollado un estilo de afrontamiento eficiente ante las situaciones estresantes o que no son resilientes, se encuentran más afectadas por el impacto de estos eventos que una persona que comprenda la inevitabilidad de los hechos de este tipo y sea capaz de poner en práctica estrategias efectivas para enfrentarlos.

En este punto es lógico que nos preguntemos: ¿Cómo lograr ser resilientes ante las contingencias del medio? ¿Cómo poner en práctica estrategias de afrontamiento asertivas? ¿Existe un camino que pueda garantizarnos el éxito y la felicidad?

Nunca he sido partícipe de las tendencias espiritualistas que proclaman la existencia de una verdad única y muestran el pretendido camino para encontrarla. Desconfío por principio de aquellos que escriben un libro de autoayuda y luego escriben un manual para comprender el libro de autoayuda… a buen entendedor le sobran los comentarios.

Lo cierto es que a muchas personas de este mundo convulso le suenan mejor los títulos: "La clave para develar los misterios" o "El secreto de la felicidad" o quizás "El camino de la verdad" que aquellos mensajes que le recuerdan cuanto esfuerzo demanda hallar su propio camino y descubrir sus propias verdades. En una ocasión conocí a una señora excelente que deseaba aprender otra lengua. Inició un curso en una escuela de idiomas pero no avanzaba; pensó que el problema radicaba en la cantidad de estudiantes que compartían con ella la atención de la profesora; de seguro ella necesitaría una atención más personalizada. Así, aumentó el dinero destinado a su educación y comenzó a recibir clases de otra profesora, esta vez junto a tres estudiantes. No realizó grandes progresos. De esta forma, aumento una vez más la paga y comenzó el curso con una profesora que le brindaba clases particulares. Tampoco aprendió. El problema no era la cantidad de estudiantes que compartieran con ella o los métodos de enseñanza que utilizara la profesora; la problemática era simplemente que la señora no ponía empeño.

Hoy estamos más acostumbrados a pagar por un sueño que a comprometernos para llevarlo a cabo. Muchas veces preferimos dejarnos engañar por aquellos que nos muestran el camino aparentemente fácil. Nuestra cultura está llena de mensajes del tipo: "aprenda idiomas en diez días", "disminuya su peso en solo cinco días", "cambie su vida en quince sesiones"… Recordemos que en ocasiones son necesarios tan solo pocos instantes para variar totalmente nuestra percepción sobre la vida y nuestra forma de afrontarla.

Estos mensajes facilistas proliferan porque el ritmo con el cual gira la sociedad es vertiginoso y cada vez sentimos que el tiempo pasa más deprisa, por lo cual deseamos invertir nuestras horas de la mejor forma posible y caemos en el error de malgastar las mismas porque olvidamos cuáles son las cosas realmente importantes para cada uno de nosotros.

Entonces, respondiendo a las preguntas anteriores: no creo que haya un camino único que conduzca a la felicidad o que existan reglas a seguir que puedan asegurarnos el éxito. Sobre todo porque la felicidad y el éxito encierran sentidos diversos para cada uno de nosotros por lo cual el camino debe ser diferente para cada persona. No obstante, considero que lograr un adecuado equilibrio psicológico, poseer las herramientas para enfrentar las situaciones estresantes, asumir los cambios como posibilidades y ser capaces de controlar nuestras emociones y pensamientos son, sin duda alguna, instrumentos útiles que nos facilitarán el camino a recorrer.

Así, alejándonos del positivismo y acercándonos más a la realidad de lo cotidiano Vygotski, un gran psicólogo ruso, expresó y sintetizó magistralmente un pensamiento que constituye la idea central sobre la cual gira este libro: "una vez construida la esfera psicológica, todo pasa a través de su prisma". Es decir, cuando hemos tenido ciertas experiencias de vida y poseemos una personalidad más o menos estructurada; todos los eventos que vivenciamos se valoran a partir de este conocimiento, de una forma particular de comprender el mundo, de buscar información y analizar la misma, incluso, a través de una forma particular de sentir.

En esta esfera, eminentemente psicológica, vamos construyendo a lo largo de nuestra vida una serie de barreras de las cuales muchas veces no somos conscientes o no sabemos cómo eliminarlas y en la mayoría de las ocasiones constituyen la causa principal de nuestros sentimientos negativos y de nuestros fracasos. Estas barreras se convierten en enemigos del desarrollo personal, enemigos silenciosos e incluso aparentemente inexistentes que laceran nuestras posibilidades de crecer como personas y emprender la vida plenamente.

Estas barreras, que inicialmente eran estereotipos correspondientes a los otros, patrones de comportamientos de nuestros padres y estilos de afrontamiento característicos de nuestra familia de origen; con el tiempo van formando parte de nuestros propios estereotipos, de nuestras formas de comportarnos y moldean nuestro estilo de afrontar las más diversas situaciones. En fin, vamos sufriendo un proceso de enculturación, donde asumimos de las otras personas las formas de relacionarse, la manera de comunicar nuestras necesidades y paulatinamente este transcurso determina nuestra forma de pensar, de sentir y de valorar. Linton, refiriéndose a esta

15

problemática escribió en una ocasión: *"No obstante la completa enculturación del individuo, éste aún conserva la capacidad de pensar y de encontrar nuevas formas de comportamiento frente a situaciones para las cuales resultan inadecuados los modos de su cultura"*. Desearía que las ideas de Linton fuesen válidas, por desgracia la enculturación es un proceso mucho más profundo de lo que la mayoría de nosotros reconoce, pues a la larga estar insertos en una cultura no solo nos transmite información y nos enseña la utilidad y funciones de los más diversos instrumentos: cuando somos pequeños nos enseñan que la cuchara no es el palillo para sonar un tambor sino un instrumento para llevarse los alimentos a la boca. Nos enseñan a ser "educados" pero también nos coartan la creatividad; en la escuela no solo nos brindan la información histórica, también nos enseñan cómo valorarla. Así, la cultura nos indica las formas de pensar, relacionarse y valorar que son adecuadas y aceptadas en el medio; entonces el espacio reservado para la creación se minimiza cada vez más y cuando las personas se encuentran ante las situaciones anacrónicas a las que hace referencia Linton, aquellos problemas para los cuales su cultura no les proporcionó ningún instrumento de "defensa", se hallan perdidos, aparece el agobio, la ansiedad, el estrés, la depresión…

Esto sucede porque nuestra inserción en la cultura es un proceso lento pero a la vez sistemático, por lo que muy pocas veces solemos cuestionarlo y, al final, nos resulta normal "pensar" como mal pensamos, "sentir" como no sentimos y "relacionarnos" como no comunicamos. Hasta que un día… si tenemos suerte… algo nos hace mirar atrás, revisar el camino andado y replantearnos nuestra forma de asumir la vida.

¡Cuidado! El cuadro que he intentado perfilar hasta el momento constituye una alarma, si se quiere una luz roja sobre nuestra tendencia a aceptar acríticamente la influencia de la cultura, es un *stop* a la aceptación acrítica de esos hábitos, estereotipos, formas de pensar… Los reglamentos inútiles y sinsentido, las tradiciones improductivas probablemente no desaparecerán jamás pero nosotros no estamos obligados a ser parte de ellos.

En ocasiones nos hallamos demasiado inmersos en la normalidad o en lo que a nosotros nos resulta normal, sin siquiera cuestionarnos si esa forma de vivir es saludable, equilibrada, si nos hace verdaderamente felices. ¿Qué es lo normal?

El término normal y todo lo que éste implica puede comprenderse desde dos puntos de vista. En primer lugar, para una cultura una persona es normal si es capaz de cumplir su rol social, es decir, si está capacitado para reproducir los patrones culturales y a la vez crear nuevas formas de cultura. Para esto, debe conocer cómo relacionarse con las personas de la manera justa, debe respetar las normas y las reglas sociales, debe aprender un oficio, formar una familia… Una persona es normal culturalmente si es una persona adaptada. En segundo lugar encontramos una perspectiva más interesante, ¿qué es lo normal para el individuo? Desplegar al máximo sus potencialidades encontrando satisfacción en este proceso.

¿Dónde se halla la contradicción? En el hecho de que la visión de normalidad de la cultura en muchas ocasiones no coincide con la visión de normalidad individual ya que la mayoría de las culturas intentan crear un único camino, una única solución y en esta homogeneización muchas veces perdemos nuestras posibilidades de crecer, reducimos nuestras potencialidades. ¿Somos más satisfechos y felices en la medida en que somos más adaptados a la sociedad? En algunas ocasiones una persona adaptada resulta ser alguien que ha perdido su yo, que desea, siente y piensa exactamente aquello que desea, siente y piensa la masa. Entonces se adoptan las metas y los objetivos de la cultura corriendo el riesgo de transformarnos en una persona que es una débil fotocopia de todos los demás, un autómata similar a miles de autómatas más.

Lo que resulta más deprimente o preocupante de este proceso es el hecho de que usualmente no lo cuestionamos, convirtiéndonos en cómplices silenciosos que siguen un juego peligroso, sin consciencia del riesgo que se corre. Así, creamos un terreno fértil para el desarrollo de las barreras autoimpuestas, los enemigos que laceran, desde nuestros condicionamientos individuales, nuestras posibilidades de crecer como personas y vivir una vida más plena.

¿Cuáles son estas barreras? Todas aquellas creencias, formas de comportarse, de pensar, de sentir y de valorar que restringen nuestras posibilidades de crecer como personas. Sin embargo, no todo está perdido, el cambio es posible.

¿Cómo acceder al cambio?

Los principios en los cuales me baso para explicar esta "filosofía de vida", si pudiese llamársele de esta forma son, fundamentalmente:

1. La personalidad se encuentra mediando nuestra relación con el medio, con las personas y con nosotros mismos.

¿Qué significa esto?

Cada uno de nosotros a lo largo de su vida y a partir de las diferentes experiencias que ha enfrentado va desarrollando ciertas características de personalidad. Existen personas que son perseverantes y otras son inconstantes, existen personas de gran flexibilidad y otras que son extremadamente rígidas, existen personas que reaccionan ante las situaciones de manera muy emocional mientras que otras se comportan de manera más racional, existen personas que tienen una autoestima elevada mientras otras no tienen gran confianza y amor a sí mismas. En fin, la gama de diferencias individuales es amplísima pero existe una generalidad: una vez que se han conformado ciertas peculiaridades personalizadas, las mismas van a mediatizar la forma de percibirnos a nosotros mismos, la forma en que nos relacionamos con los otros y la manera de comprender las situaciones que nos ocurren.

Por ejemplo, si una persona es altamente rígida, puede pasar gran parte de su tiempo recriminándose a sí misma y criticando a las personas que están a su alrededor. En su búsqueda de la perfección, la mayoría de las tareas que desarrolle él mismo o los otros serán inadecuadas e imperfectas. Por lo tanto, extrañamente tendrá una percepción positiva de sí mismo y, más difícilmente aún, podrá mantener relaciones interpersonales satisfactorias en tanto se relacionará con las personas en calidad de juez. ¡A ninguno le gustan las personas que critican constantemente, aquellos que no se toman un respiro para bromear y relajar las tensiones! Al contrario, una persona que sea flexible, usualmente logrará comprender que los equívocos son intrínsecos al proceso de aprendizaje, puede errar pero eso no le afectará su autoestima. Las personas que están a su alrededor pueden equivocarse pero ellos intentarán comprender el por qué, en vez de asumir el papel de jueces. Así, una persona flexible aprenderá de los errores, asumirá su vida y sus relaciones de una manera positiva y probablemente, la vida los asumirá a ellos mismos de una manera más acogedora, brindándole más oportunidades para el crecimiento personal.

Si creemos que debemos desconfiar de todo y de todos, probablemente dejemos escapar varias oportunidades excelentes. Si creemos que la mayoría de las personas quieren hacernos daño, posiblemente tendremos pocas amistades y nos cerraremos a la posibilidad de conocer nuevas personas y vivenciar nuevas experiencias.

En fin, nuestras formas de pensar, de reaccionar, de valorar, de ser; determinan cómo vivenciamos las más diversas situaciones. No obstante, existe la posibilidad del cambio.

2. Conocer nuestro modo de comportarnos, la forma en que hemos estructurado nuestra manera de relacionarnos con los otros y con nosotros mismos facilita el cambio para lograr el equilibrio psicológico.

El primer y gran paso para controlar nuestras vidas, erradicar aquellos hábitos que cercenan nuestras posibilidades de desarrollo y eliminar esas creencias que nos cierran al cambio es, precisamente, reconocer su existencia, reflexionar sobre las mismas, comprenderlas y estar dispuestos a variarlas.

En muchas ocasiones sabemos qué deseamos alcanzar pero no somos capaces de vislumbrar los obstáculos que pueden existir en el camino. Entonces, difícilmente lograremos esos sueños. Sabemos que nuestra relación de pareja va mal pero es por culpa del otro, el trabajo no funciona pero es un problema de la crisis global. Nos inventamos excusas pues no deseamos mirar a nuestro interior y hallar aquellas barreras que nos imponemos nosotros mismos a través de nuestras formas de pensar rígidas, nuestras creencias estereotipadas, nuestras formas de sentir reducidas...

Si no conocemos el enemigo difícilmente podremos combatirlo, reconocer cuáles son nuestras deficiencias nos ayuda a enfrentarlas y por lo tanto a hacernos más fuertes. El camino que propongo es la reflexión sobre las mismas, comprenderlas desde su formación, entender su inutilidad.

3. Todas las situaciones que enfrentamos a los largo de nuestra vida poseen una valencia positiva y negativa aunque en un primer momento no seamos capaces de percibir ambas. Toda crisis contiene un peligro y una oportunidad al mismo tiempo.

Absolutamente todas las situaciones que enfrentamos cotidianamente contienen pros y contras, en algunas ocasiones los pros o los contras resultan tantos o poseen una carga tan fuerte que minimizan su opuesto o hacen creer que un evento pueda ser solo negativo o positivo. No es así. Cada situación encierra en sí una oportunidad para el cambio, para la renovación, para el conocimiento de algo nuevo; siempre que la persona sea abierta a la transformación y la enfrente desde una perspectiva flexible.

Todas las situaciones son una posibilidad para el aprendizaje o nos brindan la oportunidad de ejercitar algo que hemos aprendido. Este aprendizaje nos permite crecer como personas y enfrentar las problemáticas futuras con una mayor experiencia. Cada crisis es un momento de prueba donde perfilamos cada vez más nuestras peculiaridades psicológicas; nos convertimos en personas más resilientes, que amamos y valoramos más la vida o nos transformamos en personas frágiles y deprimidas que han perdido el gusto por vivir. Cada experiencia es una oportunidad para entrar en sintonía con nosotros mismos y con nuestro medio; es una ocasión para reestructurar nuestro equilibrio psicológico.

El equilibrio psicológico no es el perfecto estado de bienestar psíquico y físico, la completa existencia de sensaciones positivas sino la configuración de una serie de recursos psicológicos que permiten la prevalencia de las sensaciones positivas sobre las negativas y por lo tanto, aún en periodos de crisis, existe un equilibrio que no es perjudicial para la persona.

El equilibrio psicológico más que un estado final, es una configuración que permite el bienestar personal y el enfrentamiento adecuado a las situaciones cotidianas. Aquellas personas que tienen una tendencia a mantener su equilibrio psicológico normalmente son conscientes de lo que sienten y conocen cómo estos sentimientos afectan su vida. Logran disfrutar los sentimientos positivos e intentan solucionar asertivamente aquellos negativos. A la vez, expresan sus sentimientos de una manera asertiva, comunican lo que desean de forma adecuada.

El equilibrio no es solo el mantenimiento del mismo sino también la adaptación activa a la transformación, la forma en que se responde a las demandas cambiantes de la vida. El equilibrio psicológico permite el desarrollo óptimo de la persona en relación con sus potencialidades reales.

Cuando existe este equilibrio las personas se sienten satisfechas consigo mismas, se sienten a gusto entre los demás y enfrentan de manera asertiva las demandas del medio en la misma medida en que se van presentando.

Cuando existe un equilibro psicológico las personas reaccionan con moderación y de manera proporcionada ante los estímulos externos, dominan sus impulsos e intentan contrarrestar los efectos adversos de las situaciones negativas, confiando en sus potencialidades.

De esta manera, existen algunas peculiaridades que los distinguen:

1. Poseen una sensibilidad que les permite actuar de manera proporcionada ante los estímulos del medio.
2. Poseen un autocontrol que les permite valorar cada detalle de las situaciones, sus potencialidades y a la vez, les permite regular sus reacciones emocionales.
3. Expresan sus emociones, pensamientos y creencias de manera asertiva.

Quizás lograr este estado de equilibrio pueda parecer una quimera inalcanzable, nada más alejado de la realidad. Probablemente cuando nos representemos a una persona equilibrada, en algún momento puede acudir a nuestra mente la imagen de alguien atímico o abúlico, ya que nos parece que normalmente estas personas no enfrentan, al menos en apariencia, grandes crisis ni confrontaciones fuertes con las personas que los rodean. Sin embargo, ni la persona abúlica ni la atímica poseen un equilibrio psicológico ya que, los abúlicos adoptan los patrones y formas de pensar y valorar de los otros en ausencia de una motivación intrínseca para desarrollar sus propias formas de pensar y enfrentar el mundo; así, resulta normal que no tengan fricciones sociales. Por otra parte, los atímicos son personas que resultan indiferentes emocionalmente ante la mayoría de las cosas y las personas que los rodean; así, no es de extrañar que el medio les impacte mucho menos que al resto de nosotros.

Pero… no es la reducción de nuestra voluntad o la minimización de nuestra capacidad para emocionarnos que nos conducirá a lograr el equilibrio psicológico.

Un estado de equilibrio no está exento de luchas y contradicciones internas. Una persona equilibrada no es la que no tiene dificultades, dudas o que no yerra; sino aquella que se reestructura, que cambia, que se perfecciona a si misma al enfrentarse a cada situación nueva.

Así, para lograr el equilibrio psicológico es vital conocerse a sí mismo. Analizar cuáles son las barreras interiores que nos limitan y cuáles son nuestras potencialidades, ¿qué somos capaces de hacer? y ¿qué deseamos hacer? El conocimiento de uno mismo no resulta un camino fácil, valorar nuestros defectos y exaltar nuestras virtudes no es sencillo; en muchas ocasiones solemos perdernos pues no tenemos una brújula que nos indique en qué dirección debemos buscar. Precisamente, en este libro, pretendemos realizar un viaje al descubrimiento de nuestras barreras internas, analizando el por qué de su existencia y el cómo cercenan nuestro desarrollo personal.

Es un libro para aquellas personas que se dicen a sí mismos: ¡Estoy agobiado! ¡No puedo parar de pensar! ¡Soy el único culpable! ¡Quiero estar 100% seguro! ¡Soy un fracasado! ¡Quiero pero no debo! ¡Estoy preocupado pero no sé qué hacer! ¡Mi vida se me ha ido de las manos! ¡No puedo más!

Cada capítulo intenta constituir un alto en la vertiginosidad de la vida cotidiana; trata, cual psicoterapeuta, de crear momentos de reflexión personalizados. No brinda consejos que pueden ser perfectamente ineficaces sino que facilita un camino para pensar y decidir por nosotros mismos. No promete un viaje sencillo ni varitas mágicas sino la apropiación de herramientas verdaderamente útiles para reconstruir nuestro yo y enfrentar los retos de la vida.

CAPÍTULO 2

Historia No. 2: La muerte del caballo alado

El niño se levantó temprano, estaba muy excitado pues era su primer día escolar, organizó sus cuadernos nuevos y sus lápices de colores en la mochila y de la mano de su madre recorrió el camino que lo conducía a la escuela. Estaba un poco nervioso pues todo lo que encontraría era desconocido pero estaba seguro de que aprendería mucho y conocería personas muy interesantes, al menos eso le habían dicho sus padres.

Una vez que ocupó su puesto en el pupitre la maestra les pidió a todos los niños que dibujaran un paisaje campestre. ¡La oportunidad tan esperada! Inmediatamente el niño llenó su hoja de imaginación, pintó numerosas flores de todos los colores, cada pétalo de un color diferente, aves que caminaban alrededor de las flores y pintó un caballo alado cercano a un sol sonriente pero luego pensó que la luna se sentiría excluida, así que también la pintó, al otro lado del sol.

Cuando terminó, muy contento y satisfecho de su dibujo fue a mostrárselo a su maestra.

–   No, el dibujo está mal. – Le recriminó la profesora y le explicó cómo hacerlo- Un paisaje campestre debe tener montañas, ninguna flor tiene los pétalos de diferentes colores. Las aves vuelan, por eso tienen que estar en el cielo, ningún caballo tiene alas ¡que estupidez! y cuando

26

pintas el sol no puedes pintar la luna, a no ser que exista un eclipse pero no creo que sea el caso.

El niño volvió bastante triste a su puesto, la maestra no le había dado la oportunidad de explicarle que él conocía esas cosas lógicas y naturales pero creía que podía cambiarlo todo en su dibujo y crear un paisaje que no fuese el que todos veíamos cotidianamente.

Al día siguiente y al otro, el niño siguió recibiendo la misma reprimenda por sus dibujos donde "nada está donde tiene que estar"; hasta que la maestra, un poco molesta, le dibujó ella misma el dibujo que debía hacer.

El año próximo el niño se mudó de ciudad con su familia y por consiguiente también cambió de escuela. Al llegar a la nueva escuela la maestra le pidió que le hiciera un dibujo cualquiera. El niño dibujó un paisaje campestre.

La maestra vio el dibujo, era lindo aunque extrañamente fiel a la realidad para un niño de su edad.

Al otro día la maestra pidió que hicieran un dibujo libre, lo que desearan. El niño dibujó un paisaje campestre, el mismo dibujo del día anterior. Y así, un día tras otro, porque el niño ya no sabía dibujar caballos alados y flores de diferentes colores. Había aprendido que la luna y el sol no andaban juntos ni siquiera en los dibujos, solo cuando hay eclipse.

Las aduras de la sociedad moderna

Ser perfectamente conocedores de nuestra cultura posee su precio, a menudo un precio bastante alto. Cuando las otras personas nos condensan todo el trayecto que ha debido recorrer la humanidad para lograr su desarrollo existen sus riesgos: la disminución de la creatividad como le sucedió al niño de la historia anterior, la pérdida de la autonomía, la dificultad para aceptarnos tal cual somos, la falta de responsabilidad ante nuestras acciones, y por último pero no menos importante, el riesgo de vivir una vida que a veces se presenta como totalmente carente de sentido personal porque nos regimos por los estereotipos, por las valoraciones de los otros, que muchas veces son totalmente ajenas a nuestras formas de sentir y de ser.

La sociedad moderna nos compulsa a consumir sus productos, a compartir sus valores y a seguir sus normas; mediante este proceso va desarrollando en cada uno de nosotros una forma característica de pensar y de comprender el mundo que nos hace cada vez más dependientes de las opiniones de los otros, menos autónomos y por supuesto, menos comprometidos con los resultados de nuestras acciones. En resumen, nuestra cultura nos pone en una posición "ligeramente cómoda" con la cual estamos satisfechos hasta que… un buen día sentimos que las fuerzas nos abandonan, aparece el agobio, la depresión, los sentimientos derrotistas, la ansiedad, las ideas recurrentes que nos impiden pensar con claridad; poniéndose en evidencia nuestra ineficacia para enfrentar las más disímiles situaciones. ¿Por qué sucede esto?

En ocasiones las respuestas aparecen en los sitios y los momentos más imprevistos: Cenando con unos amigos, todos personas con una elevada cultura, se suscitó una discusión sobre los estresores cotidianos. La pregunta que dio pie a estas disquisiciones fue la siguiente: ¿es el desarrollo tecnológico potenciador de altos niveles de estrés? Y luego: ¿existía en épocas anteriores el mismo nivel de estrés que existe en la actualidad? Por supuesto, inmediatamente, con esa tendencia casi innata que poseen las personas de hacerse en dos bandos, siempre antagónicos; aparecieron dos grupos: aquellos que decían que la tecnología era una cárcel altamente productora de estrés y aquellos que aseveraban que cada época posee sus propias condiciones estresantes y por lo tanto la tecnología no es una causa ni más ni menos importante que las otras.

¿Por qué me permito esta pequeña digresión? Debido a que, detrás de las diferencias esgrimidas por cada grupo, en esencia estas personas creen que el estrés es provocado por causas provenientes del medio y que cada uno de nosotros somos marionetas del mismo. Todos estaban convencidos de que cada época posee sus propias condiciones estresantes y las personas no hacen sino insertarse como actores, que se desempeñan lo mejor que pueden con el vestuario y el escenario que les ha tocado vivir. ¿Hasta dónde esta visión es cierta o no? ¿Hasta dónde es responsable la sociedad por el desarrollo particular de cada persona?

Aunque esta pregunta pueda parecer en extremo superficial o al contrario, de un nivel filosófico tan elevado que no tiene ningún punto de contacto con nuestras vidas; en realidad, tomar posición al respecto significa comenzar a concientizar aquellas creencias que nunca nos cuestionamos pero que determinan nuestra actitud hacia la vida, los retos que enfrentamos y, por ende, lo exitosos que podamos ser.

En este punto aparecen dos posibles respuestas: 1. Una solución eminentemente sociológica: la sociedad es altamente determinante de los comportamientos de las personas y, 2. Una respuesta propia de la psicología humanista: la persona es autodeterminada y por lo tanto la sociedad no desempeña un papel altamente condicionante.

Ambas soluciones encierran una trampa mortal: Si creemos que la sociedad determina nuestras vidas entonces es probable que nunca hagamos nada con ellas, ¿para qué si todo escapa de nuestro control? Por otra parte, si creemos que sólo nosotros tenemos el poder de cambiar a despecho de la sociedad entonces probablemente tampoco hagamos nada con nuestras vidas pues nos estrellaremos contra los muros culturales.

Afortunadamente siempre existe una solución intermedia:

El increíble desarrollo que ha alcanzado la sociedad posee una significación ambivalente para la mayoría de las personas, repercute de manera positiva y negativa en cada uno de nosotros. Por una parte el progreso tecnológico permite salvar vidas realizando operaciones quirúrgicas anteriormente inimaginables mientras que el mismo desarrollo puede propiciar el cada vez más difundido Síndrome de Internet o la adicción a la red de redes, la fragilidad perceptual y la aparición de una personalidad interactiva. La tecnología que nos permite comunicarnos con personas que se encuentran a kilómetros de distancia a la vez minimiza nuestra capacidad para establecer y mantener relaciones interpersonales en tanto la mayoría de nuestros contactos se realizan vía e-mail, por chat o utilizando el teléfono; nos hemos inmerso, sin darnos cuenta, en un mal llamado "mundo interactivo".

Pero… ¿es verdaderamente interactivo este mundo informatizado? La simple utilización del término parece una contradicción o una confusión del lenguaje que hemos asumido de manera acrítica. La interactividad no es solo el intercambio de palabras, implica también la reciprocidad de miradas, de gestos y el contacto corporal. Sin duda alguna no resulta una cosa sencilla, por esto, si realmente deseamos sostener relaciones interpersonales satisfactorias, debemos estar adiestrados y dispuestos para este "juego extraverbal".

La interactividad implica comunicarnos desde nuestro yo, desde nuestra personalidad, desplegando nuestras características y demostrando lo que somos. Pero… ¿con quién comunicamos en la virtualidad? ¿Quién es la persona incógnita que encontramos en el chat? Quizás un *nickname* o un ID. Entonces no puedo evitar rememorar *Nowhere man*, una maravillosa canción de los Beatles: *"He's a real nowhere man, sitting in his nowhere land, making all his nowhere plans for nobody. Doesn't have a point of view, knows not where he's going to"*.

El otro, ese *nickname* con el que comunicamos, es un yo virtual, una personalidad que se desdobla para armonizar con los otros, es la exacerbación de una de sus peculiaridades, que puede no ser la mejor o la más positiva. Así, muchas veces comunicamos con un otro que no existe mientras que nosotros mismos nos vamos perdiendo como individualidad pues también creamos una imagen para ese mundo virtual. Perdemos la oportunidad de comunicar interactivamente.

No obstante, la informatización es una realidad que no puede negarse, no podemos encerrarnos en una urna de cristal ni mudarnos a una gruta en el confín del mundo; la informatización es un hecho a enfrentar. La sociedad posee innumerables formas para ejercer su influjo sobre el ser humano y en nuestros tiempos pretender mantenernos ajenos de la misma es una utopía. La forma de vestir, el conocimiento de cómo manejar la tecnología, los significados compartidos por el grupo al que se pertenece; son formas de incidencia de la cultura. Sin embargo, ¿hasta dónde influye la cultura en nuestras vidas?

Estamos obligados a usar la tecnología para realizar nuestro trabajo pero no estamos obligados a ser dependientes de la misma. Estamos obligados a comunicarnos vía e-mail con una persona que se encuentra a miles de kilómetros de distancia pero no estamos obligados a comunicarnos de la misma manera con nuestro colega del trabajo. Los límites de la incidencia de la sociedad en nuestra vida, la forma en que la cultura puede moldear nuestros pensamientos y acciones es siempre una decisión personal. La sociedad es una condición, no una imposición.

Comprender la sociedad como un condicionante más que como un determinante de nuestras vidas no es un capricho lingüístico ni un simple cambio de palabras sino que encierra un enorme reto: cuando una persona se deja influenciar menos por la cultura se siente más individuo al reconocerse diferente y separado de los otros pero también puede sentirse más solo, alejado del grupo y posiblemente indefenso ante la carencia de redes de apoyo social si no posee una elevada autoestima, suficiente confianza en sí mismo, estrategias de afrontamiento asertivas y una elevada capacidad de resiliencia.

Esto sucede porque cada ser humano es único e independiente pero a la vez es un ser social que encuentra en las relaciones con los otros un motor esencial para impulsar su propio desarrollo. Por esto, la persona necesita integrarse en los diferentes grupos: primero el grupo familiar que le provee las herramientas básicas para poder comprender e insertarse en su cultura y luego el grupo escolar, el grupo de amigos, el grupo del centro de trabajo; que aportan otras herramientas para que la persona pueda adaptarse eficazmente en su entorno. Integrarse en estos grupos también significa acatar sus normas y prohibiciones, ir haciendo nuestros los valores y las formas de pensar de los otros y por último, aprobar y exhibir los comportamientos que le son característicos.

Existe un ejemplo muy sencillo, que por su cotidianidad usualmente nos pasa desapercibido, pero que nos demuestra la importancia de las relaciones interpersonales y la incidencia decisiva de las mismas en el desarrollo humano:

El niño de pocos meses de nacido yace en su cuna, frente a sí tiene un objeto que le llama poderosamente la atención pero está demasiado lejos de su alcance; sin embargo, el niño no puede percatarse de la distancia exacta pues aún no posee esta noción, por lo tanto, estira su mano en el intento de apresar el objeto, sin tener éxito.

La madre que lo observa le alcanza el juguete y así lo hace cada vez que el niño estira su mano para apresar cualquier objeto.

¿Qué sucedió? Poco a poco el niño se percata que al estirar su mano puede lograr que los demás le alcancen lo que desea. El gesto que antes era un movimiento de agarre, eminentemente físico ahora se ha convertido en un movimiento indicativo, en una forma de comunicar su deseo. El movimiento adquiere un significado psicológico.

Así, poco a poco el niño logra comunicar con los demás e ir satisfaciendo sus necesidades siempre en aumento, va desarrollándose, lo cual también quiere decir: va apropiándose de los significados de los demás, va apropiándose de la cultura, va acatando sus normas y dejándose influenciar por los otros. El niño comprende que el tenedor no es un peine para alisarle el pelo a la muñeca sino que tiene una única función completamente diversa: llevarse los alimentos a la boca. El niño que aprende rápidamente la función cultural de los instrumentos es alabado por los adultos: "¡qué inteligente es!" y este reconocimiento le resulta grato al niño por lo cual probablemente se esforzará por comprender y "encajar" en el mundo adulto para atraer su atención y afecto. El niño que aprende una función deshecha a la vez decenas de funciones posibles.

Por supuesto, en la medida en que la persona va creciendo los mecanismos de influencia social y control se hacen más sofisticados. Cuando somos pequeños tenemos a nuestros padres que, casi siempre de manera explícita, nos dicen qué podemos y qué no podemos hacer. Cuando somos adultos reglas idénticas nos condicionan, solo que ésta vez provienen de nuestro interior. Ya no es necesario que nuestros padres nos digan: "tienes que cuidar los modales cuando te sientas a la mesa", "tienes que saludar a las personas cuando llegas", "tienes que esperar tu turno en la conversación"… estas reglas las conocemos y nos regulan desde nuestro condicionamiento, desde nuestros propios "no se puede hacer".

A la vez, se van adicionando otros condicionamientos más sutiles: los mensajes de la sociedad a través de los medios de comunicación del cómo deberíamos ser para "encajar y ser exitosos" en nuestra cultura. El lugar de la autoridad y el control manifiesto, explícito y ostensible es asumido por una "autoridad anónima", como la llamó magistralmente Erich Fromm. Es la autoridad que se sustenta en el sentido común, en la normalidad y en la opinión pública. Despliega su dominio a través de la persuasión o la sugestión, sin ejercer una presión clara.

Cuando nos enfrentamos a una autoridad o a un control externo, fácilmente reconocible; podemos combatirlo, estar en desacuerdo con las ideas expresadas, manifestar nuestra independencia e identidad. Existe una imagen que encarna el control y contra la cual podemos combatir. Cuando estamos sujetos a la autoridad de los medios de comunicación, a los mensajes sugestivos de los amigos que, por su "lógica", son innegables en sí mismos; somos incapaces de identificar la norma que debe ser cumplida, no podemos vislumbrar la persona o la organización que ostentan el poder o el control, no hay nada ni nadie a quien contestar, contra quién protestar.

El peligro de los mensajes culturales

La sociedad moderna ha desarrollado personas más críticas e independientes pero a la vez éstas se sienten más aisladas y desamparadas; ha intentado aumentar su libertad pero solo ha creado nuevas formas de dependencia. *"Hoy los hombres viven dentro de una camisa de fuerza cultural que es siempre más estrecha"*, había aseverado Konrad Lorenz algunos años antes del inmenso desarrollo tecnológico que hoy enfrentamos.

Para que una persona sea libre debe ser capaz de decidir por sí misma sobre aquellas cuestiones que pueden afectar de una manera u otra su vida. Una campaña electoral puede condicionarnos la vida, la compra de un auto, el estar conectados a Internet en el momento preciso... sin embargo, debido a la especialización creciente, cada vez conocemos más profundamente nuestro campo de acción pero somos más ignorantes en otros terrenos por lo que debemos apoyarnos en los otros para tomar ciertas decisiones. Hasta este punto todo funciona perfectamente, el problema comienza cuando no nos apoyamos en los otros para buscar información y decidir autónomamente sino que dejamos que "los verdaderos especialistas" decidan por nosotros.

Así, nuestro umbral de tolerancia comienza a aumentar y nos convertimos en consumidores de las opiniones de los otros que nos dictan cómo debemos comportarnos, qué debemos vestir, qué auto debemos manejar, qué teléfono debemos poseer, qué marca de dentífrico debemos comprar; sin dedicar un minuto a pensar en por qué seguimos estos mensajes del "cómo debo ser" y en cómo estos mutilan nuestra libertad y llegan a provocar desequilibrios psicológicos.

El mercado está lleno de mensajes publicitarios que nos dicen, algunos de manera implícita, otros de forma más explícita: "con este auto lograrás conquistar todas las mujeres que te propongas", "con este bolso, vestido, perfume... serás verdaderamente irresistible para cualquier hombre", "con esta crema no envejecerás" (porque se asume que envejecer es feo, negativo, no está a la moda), "con esta cerveza, refresco, licor… serás más exitoso o mejorarás tu desempeño sexual".

Suele suceder que a fuerza de escuchar continuamente estos mensajes creemos en ellos e incluso nos convencemos de que la decisión de comprar el auto, el bolso, el vestido, el perfume, la crema o la bebida fue una decisión personal. Nos auto engañamos.

Me permito una pequeña historia a modo de ejemplo:

Una mujer intentaba comprar un auto nuevo y le pregunta a dos hombres que se encuentran cercanos a ella sobre las características de un auto en particular. Ninguno de los dos es un especialista en la materia.

Uno de ellos le responde con franqueza: -Señora, yo no conozco mucho sobre los autos, mejor se dirige a un experto.

El segundo hombre cree conocer mucho sobre los autos aunque en realidad no sabe mucho más que el otro. Es una de las personas que cree que debe responder a todas las preguntas emitiendo su criterio. Piensa por un buen rato y luego le brinda a la señora sus opiniones en relación con el ahorro que puede realizar con la compra del carro, la potencia del motor… en fin, le brinda una serie de informaciones que ha visto en un spot publicitario y llega a la conclusión de que es una idea genial adquirir ese auto.

¿Qué ha sucedido? Este hombre ha llegado a la conclusión que le ha sugerido un mensaje publicitario: ¡este es el mejor auto! No ha analizado cual es el objetivo de la señora al adquirir el auto, ¿ella lo desea para moverse en la ciudad o quizás para recorrer mucha carretera? ¿La señora desea ser ahorrativa o no le interesa gastar un poco más?...

En realidad esta persona está convencida de que su opinión es la mejor solución y que es resultado de su esfuerzo mental. Posee la ilusión de que ha llegado a una solución a partir de una serie de datos o informaciones que él mismo ha sido capaz de extraer, decodificar, generalizar y concluir sin percatarse que simplemente ha acatado los mensajes de la autoridad o la publicidad.

De la misma forma en que transcurre el proceso de pseudo pensamiento también se desarrolla un proceso de minimización de la voluntad. La mayoría de las personas se encuentran convencidas de que mientras que no se les obligue a algo mediante una fuerza visible, externa; sus decisiones son personales, producto de su voluntad. ¡Ilusión! Gran parte de nuestras decisiones son sugeridas desde los mensajes culturales, desde la publicidad que nos ha logrado persuadir de que las necesitamos. Nos ajustamos a las expectativas de los demás, a lo que esperan los demás que debemos ser, cómo debemos comportarnos, qué debemos tener. ¿Cómo llegamos a convencernos de que necesitamos estar casi las 24 horas del día pendientes al móvil cuando hace tan pocos años podíamos vivir sin él? ¿Cómo podemos estar seguros que la marca que usamos de dentífrico, crema antiarrugas… son las adecuadas si anteriormente ni tan siquiera existían? Estas cosas las usamos diariamente pero no las cuestionamos y precisamente en esa seguridad, en esa certeza incuestionable, se desarrolla la pseudo voluntad.

1. La evasión del presente

Nuestra sociedad es un monumento vivo, una oda perenne al futuro, el presente solo tiene sentido porque existe un mañana. Los mensajes, que no son simples mensajes sino creencias fuertemente arraigadas en cada uno de nosotros, son: "Asegura tu vejez", "ahorra para el mañana", "piensa en las consecuencias de tus actos"; y si bien estas ideas no son del todo erradas ni deben menospreciarse, no pueden convertirse en el centro y motor fundamental de nuestro comportamiento.

Planificar algunos aspectos de nuestra vida u organizar el próximo día, no es solo adecuado sino también importantísimo. Cursar una carrera universitaria que demanda algunos sacrificios es totalmente comprensible cuando valoramos las posibilidades que tendremos en un futuro; no es este nuestro centro de atención sino la imposibilidad de vivir el presente porque estamos atados en algún punto: el pasado o el futuro.

El mañana constituye una incertidumbre, no existe de la misma forma, con la misma certeza con que existió el ayer, e incluso, en muchos aspectos es totalmente imprevisible. Hoy vivimos en el presente y esto es lo único que tenemos, la única certeza que poseemos y la única oportunidad para cambiar nuestras vidas. El presente posee un valor inestimable porque nunca podremos volverlo a vivir de una forma diferente. Considero que lo más valioso que una persona puede ofrecer a otra es su tiempo porque es lo único que nunca podrá recuperar.

Cuando nuestros hijos pronuncian su primera palabra y no la escuchamos porque estábamos trabajando para el mañana (que por demás, no sabemos si llegará o cuánto durará), es una experiencia única que se perdió irremediablemente. Nunca más escucharemos esa palabra.

Entonces, cuando vivimos algunas situaciones como estas nos damos cuenta que estamos desaprovechando el presente y decidimos darnos un pequeño tiempo para leernos ese libro que compramos hace dos meses, ver el filme que nunca hemos sacado de su caja, dar el paseo que prometimos tres meses antes. ¿Qué sucede? Mientras vemos el filme, damos el paseo o leemos las páginas del libro, estamos pensando en lo que debemos hacer cuando terminemos, estamos planificando cómo recuperar ese tiempo e incluso, de vez en vez, aparece una sensación de ansiedad, cierto sentimiento de culpabilidad porque estamos siendo demasiado complacientes con nosotros mismos.

¿El resultado? No trabajamos para el mañana pero tampoco vimos el filme, ni dimos el paseo ni leímos el libro. Al menos no de una manera sana porque no entendimos una palabra de lo que leímos por lo cual, debemos releerlas una vez más; el paseo fue terrible porque estábamos constantemente mirando el reloj o de mal humor y, ¡los directores de cine y guionistas ya no hacen filmes como aquellos de antaño!, no entendimos nada de la trama. Así racionalizamos para nuestros adentros.

La supuesta relajación mental que debía venir añadida a cada una de las actividades no se verificó sino que éstas se convirtieron en una carga, una tarea llena de culpabilidad que no reportó ninguna satisfacción.

¿Por qué evadimos el presente?

Porque en muchas ocasiones el presente no es tal como lo deseamos, no somos capaces de aceptar nuestra realidad y queremos pensar que lo que estamos viviendo es una vida pasajera que acarreará un futuro diferente y mejor. Tenemos dificultades para aceptar lo que somos y lo que hacemos;

nos escondemos, no en el optimismo, sino en el optimismo engañoso, ingenuo.

Evadimos el presente porque es más cómodo no tomarse la responsabilidad por lo que sucede, no aceptar las situaciones negativas que suceden en la cotidianidad pues estas son solo una transición necesaria para un futuro mejor, "no es necesario repensarlas mucho".

Sin embargo, el problema esencial es que la evasión del presente generalmente conduce a la idealización del futuro, a pensar que mañana los problemas desaparecerán mágicamente, que todo será perfecto. Cuando a la mañana siguiente nos levantamos y vemos que todo se mantiene más o menos en los límites de su cotidianidad, comienza a presentarse la desesperanza, la pérdida de la confianza en nosotros mismos, se pierde el optimismo tan necesario para afrontar los nuevos retos, porque lo cierto es que ese futuro brillante y perfecto, adornado en sobremanera por las carencias del presente, difícilmente puede lograrse.

Las personas comienzan a vivir en el futuro, trabajan para comprar su casa pero una vez que la tienen resulta que no es tan atrayente o gratificante como lo imaginaron porque aquello que verdaderamente deseaban alcanzar no era una simple casa sino: ¡la casa de los sueños!, prácticamente un imposible.

Entonces, cuando se espera al mañana para empezar la vida puede ser que nunca se viva porque la verdadera riqueza no está en la meta sino en el cómo se arriba, en el camino que se recorre.

Pero… ¿de dónde surgen las ideas de cómo debemos ser?

Normalmente nacen de los otros, de los ideales que nos venden.

2. Los ideales inalcanzables

¿Qué es ser exitoso?

Las respuestas pueden ser múltiples, variadas según cada persona; para algunos ser exitosos equivale a ser un padre de familia excelente, para otros es terminar un PhD en su especialidad, alcanzar cierta posición política, escribir un *best seller*...

Sin embargo, ¿Qué es ser un hombre de éxito?

Las respuestas en este sentido se restringen porque para convertirse en un hombre de éxito la sociedad, un grupo de personas determinadas, debe reconocer que verdaderamente somos una persona que según sus normas merecemos este tratamiento. Existe un ideal que debe encarnarse para ser considerado un hombre de éxito. Así, si nosotros queremos convertirnos en un hombre de éxito tendremos un ideal que nos dicta cómo pensar, cómo sentir, cómo comportarnos y qué debemos lograr en la vida.

Semejante fenómeno sucede independientemente del área a la que nos refiramos. Sucede con la belleza, con la competencia que podemos lograr en nuestra profesión e incluso con nuestros roles familiares: un padre o una madre modelo, un hijo modelo...

Estos modelos ideales son perfectos socialmente, el problema comienza cuando nosotros, seres humanos individuales, que por demás no somos perfectos, pretendemos alcanzar ideales que están lejanos de nuestras potencialidades. Reconocer que no somos perfectos no es escondernos detrás de la imperfección para mantener nuestras faltas sino aceptarse tal como somos y cambiar solo aquello que puede ser cambiado.

Sin embargo, la sociedad, sobre todo la publicidad, envía continuamente mensajes donde puedes comprender perfectamente que solo eres aceptada si estás correctamente depilada, si estás correctamente maquillada, si llevas la corbata de moda, si tienes el auto o el teléfono más modernos. ¿Nacimos depiladas, maquilladas, con un celular en una mano y las llaves del auto en la otra? Sencillamente no, entonces todas estos "cómo debo ser" son mensajes aprendidos, mensajes que hemos ido incorporando pero que en determinado momento pueden hacernos sentir inferiores, que no somos suficientes, que no somos exitosos pues no logramos alcanzar los estándares que otras personas delimitan para nosotros.

¡Cuidado con caer en un mundo estereotipado! Existen muchos mensajes publicitarios verdaderamente serios y responsables mientras que, por otra parte, proliferan productos aparentemente inocuos que encierran un mayor grado de manipulación. Muchos libros de autoayuda se auto publicitan con este mensaje: "la realización del éxito es la meta de la vida". Con mi insaciable curiosidad siempre leo algunas páginas para saber qué comprende el autor por "éxito": se equipara con la prosperidad personal, vacaciones en algún lugar exótico, obtener cosas nuevas, lograr ventajas máximas, ser el dueño de una casa hermosa, ganar la admiración de los otros, lograr el liderazgo y ser respetado. Al final, casi en letras más pequeñas y descoloridas, también añaden que el éxito significa liberarse de las preocupaciones, las frustraciones y los fracasos. ¡Sorprendente!

No me añado a esa concepción del éxito, no creo que nuestra vida sea un marchar detrás de la búsqueda del respeto de los otros, respeto que se basa en lo que tenemos y no en lo que somos. Respeto que se basa en las cosas materiales alcanzadas, respeto fluctuante, verdaderamente inútil. Estos son mensajes que nos ponen en la posición del personaje de Alicia en el País de las Maravillas que siempre corre detrás del conejo sin poder alcanzarlo pues está demasiado apurado y marcha muy aprisa. De la misma forma nuestra sociedad avanza a un paso increíble por lo cual pretender mantenernos al mismo nivel de crecimiento es solo una ilusión.

Un ideal siempre debe ser una construcción personal basada en un conocimiento exhaustivo de nuestras potencialidades: ¿qué somos? ¿Qué somos capaces de hacer para lograr nuestro ideal? ¿Podemos lograr objetivamente ese ideal con nuestras potencialidades? Un ideal no debe ser una importación de lo que muestran los medios de comunicación masivos o lo que asume nuestro grupo de amistades.

Un ideal es una muestra de lo que deseamos lograr, una representación que nos resulta motivante y dinamiza nuestro comportamiento para alcanzarlo, una ilusión positiva; un ideal nunca puede convertirse en una imagen que nos denigra o nos hace sentir inferiores e incapaces. Cuando los ideales se convierten en una meta a lograr y no en un camino de crecimiento a seguir suele aparecer una triste contradicción: al lograr aquello que ansiamos tanto, cuando somos perfectamente acomodados a los cánones de la sociedad, cuando somos "personas de éxito" ¿somos felices?

Normalmente no, porque para ese momento nuestro ideal cambió, porque también la sociedad cambió sus ideales exportados y nos corresponde transitar una vez más el mismo camino en pos de unos ideales que no son los nuestros.

¿Por qué seguimos la ilusión de estos ideales?

Porque normalmente deseamos ser parte de un grupo que comparte estos ideales.

3. La necesidad de aprobación

La necesidad de aprobación tiene una de sus bases en la idea de que todo lo personal es subjetivo y por lo tanto, no exactamente fiable, mientras que lo externo, lo interpersonal, lo que pertenece al grupo, es más objetivo y fiable. Un estereotipo se convierte en certeza porque es el sentir del grupo, porque al final: "tantas cabezas no pueden estar equivocadas".

El niño pequeño aprende rápidamente que los adultos valoran el repertorio de sus comportamientos en dos grandes opuestos: aquellas conductas positivas que son dignas de cariño y aquellas que son reprobadas. Comprende de una manera muy sencilla que sus comportamientos le pueden reportar amor o una reprimenda matizada por la antipatía. Cuando el niño comienza la escuela sus compañeros de clase y sus maestros comienzan a valorarlo: "este niño es inteligente" o al contrario, "es poco dotado"; "este niño es un líder por excelencia" o su opuesto "tiene dificultades para establecer relaciones interpersonales"...

Así cuando somos adultos nos parece un hecho normal que los otros nos valoren y decidan qué somos y quienes somos; por lo tanto, buscamos continuamente su aprobación. Necesitamos que los otros nos digan cuan inteligentes, atractivos, capaces, exitosos somos como si todavía fuésemos niños pequeños; pero no nos percatamos que los otros son personas que pertenecen a nuestra misma cultura, que también son niños pequeños con nuestros mismos condicionamientos, que son exponentes de los cánones y los estereotipos culturales, por lo cual, se erigirán en calidad de jueces y exponentes de la cultura de la valoración. En fin, nos dejamos valorar e influenciar cual niños que acatan las opiniones de los adultos pero en este caso, aquellos que nos valoran son niños tan pequeños como nosotros.

Una reflexión imprescindible antes de continuar: experimentar la necesidad de apoyo es normal, sentir la necesidad de que los otros aprueben nuestros comportamientos o ideas en algún momento particular de la vida es un hecho perfectamente comprensible y humano. En varios momentos claves de nuestra existencia necesitamos saber que existen otras personas que piensan como nosotros, que las personas que nos son significativas aprueban nuestra decisión y nos apoyan en la misma; estas son necesidades que no se convierten en una barrera sino que al contrario brindan el apoyo necesario para el crecimiento personal, para seguir adelante con nuestros proyectos. El problema inicia cuando la búsqueda de la aprobación se convierte en una necesidad que guía nuestros pasos; cuando una persona se broncea, no por disfrutar del sol acariciando su piel sino por el maravilloso color que tomará para después exhibir delante de los amigos, porque a la vez, estos le dirán que es un tonto si regresa de la playa sin broncearse. El problema continúa cuando la persona compra el auto, el teléfono, la casa según los cánones de sus amigos (que generalmente son los cánones de la publicidad); cuando adquiere estas propiedades para exhibirlas, para "estar a la altura" y ser igual o superior a los otros.

Cuando entramos en este círculo vicioso donde dejamos de ser quienes somos para convertirnos en lo que tenemos, cuando dejamos de pensar en si obramos bien o mal según nuestros valores y dejamos que los demás sean quienes juzguen nuestros comportamientos, dejamos de vivir nuestras vidas y comenzamos a vivir para los otros. Obsérvese que normalmente en la misma medida en que dependamos más de la opinión de los otros, más atrevidos serán estos en dar sus opiniones y más subordinados nos haremos de las mismas, desarrollando relaciones de dependencia bien difíciles de eliminar.

¿Por qué debemos compartir siempre y al 100% con el grupo de amigos las mismas preferencias, las mismas ideas, exhibir los mismos comportamientos? ¿Somos personas egoístas o malvadas si no asumimos las mismas posiciones que desarrolla el grupo al que pertenecemos?

Absolutamente no, somos personas independientes que podemos tener ideas diversas, e incluso bien diferentes en algunos temas; compartimos algunas preferencias pero otras no, necesitamos el apoyo del grupo en algunas situaciones pero en otras podemos ser autónomos.

Normalmente las personas que sienten esta necesidad de aprobación deambulan por los diferentes círculos de amigos escondiendo sus posturas, en el caso de que las tengan. De esta forma no son congruentes consigo mismo y en su intento de encajar con los otros y de compartir las mismas preferencias; el grupo pierde la oportunidad de crecer con la divergencia de opiniones, de cambiar perspectivas. Si los amigos realmente nos valoran por

47

lo que somos, sabrán que somos diferentes, que tenemos opiniones diversas y que valemos mucho precisamente por eso.

Lo que resulta realmente interesante es que por mucho que nos esforcemos jamás lograremos complacer a todos porque cada uno tiene ideas y formas de valorar diferentes y, a la larga, solo nos convertiremos en una persona sin ideas propias.

Facebook resulta un fenómeno donde las personas con esta necesidad de aprobación pueden ser puestas al descubierto con relativa facilidad. En estos últimos días se suscitó una polémica a partir del texto de una canción popular sobre la homosexualidad. Casualmente por esos días, nos reunimos unos cuantos amigos heterosexuales y todos coincidíamos en que el texto de la canción no era nada humillante para el mundo gay ni constituía el sentir de todos los homosexuales en tanto era solo un caso que ejemplificaba la vida de una persona, singular. Sin embargo, días después cuando uno de estos amigos hablaba en Facebook con otro amigo homosexual que tenemos en común, expresa que la canción es denigrante en tanto presenta a "todos" los homosexuales como personas enfermas. ¿No son evidentemente posiciones contrapuestas? Ahora resulta ser que no conozco la verdadera posición de mi amigo al respecto y pienso: ¿creerá este amigo que soy lo suficientemente rígida como para no entender creencias diferentes a las mías? En el futuro estaré advertida cuando me dé sus opiniones sobre alguna cuestión pues no puedo tener la certeza de que son su sentir verdadero.

Bueno, este pensamiento y muchos más pueden aparecer cuando descubrimos este tipo de comportamiento y aunque el ejemplo es muy sencillo sirve perfectamente para ilustrar las formas de comportarse de las personas que necesitan la aprobación de los otros.

Entonces, aparece nuevamente la pregunta que dio pie a estas reflexiones: ¿Hasta dónde es responsable la sociedad del desarrollo particular de cada persona?

La sociedad tiene leyes, normas que son necesarias para su funcionamiento y presenta un mecanismo para su perpetuación: la educación, que en tanto nos inserta en la cultura y nos abre un mundo de conocimientos y posibilidades, también puede conducirnos a un mundo de estereotipos y de dependencia. No obstante, en la misma medida en que la persona va creciendo puede irse despojando de los convencionalismos, puede eliminar todas aquellas creencias que son un lastre para su desarrollo personal.

Hoy la mayoría de las barreras que nos impiden alcanzar el éxito cuando enfrentamos una problemática son personales, son los: "cómo debo ser" culturales que la persona ha internalizado y le restringen su libertad de elección. No obstante, cuando concientizamos un "cómo debo ser" estamos dando el primer paso para lograr la autonomía. La sociedad es una condición, nunca una imposición.

CAPÍTULO 3

Historia No. 3: La inutilidad de la regla

Esta es la historia de un hombre que quería comprarse un par de zapatos. Tomó un papel y contorneó su pie con un lápiz, recortó con detenimiento la medida y recogió las monedas para hacer su compra.

Así apertrechado, inició su marcha hacia el mercado que quedaba bastante distante de su casa. Al llegar encontró un modelo de zapatos que le gustaba no obstante, al buscar la medida de papel, se dio cuenta que la había olvidado en casa.

- – ¿Qué le sucede?- Le preguntó el comerciante.
- – ¿Es que he olvidado mi medida en la casa?
- – Pero si los zapatos son para usted basta con que se los pruebe.
- – No, me fío más de la regla.

Y ante el asombro del comerciante el hombre tomó su caballo y se marchó en busca de la medida. Aunque hizo el camino a galope tendido, cuando regresó ya el mercado había cerrado. [*2]

La inmovilidad que reportan las barreras

Existen muchas personas que confían más en las reglas que en la propia realidad o en la intuición, que toman sus decisiones y orientan su comportamiento sustentándose en lo que dictan las más diversas normas y restricciones, confían en los "yo debo ser". Estas personas, al contrario de lo que ellas mismas piensan, corren muchísimos riesgos. El riesgo, como en la historia anteriormente descrita, de fracasar en el logro de su objetivo porque las reglas y los métodos que sustentan éstas normas nunca podrán representar la riqueza de la realidad, no pueden contener la multiplicidad de situaciones que existen en la cotidianidad. Comúnmente las personas que siguen las reglas de manera rígida no presentan un plan de escape, secundario, por lo cual, cuando se enfrentan ante lo desconocido, ante el cambio, ante la incertidumbre; no logran reestructurar su plan de acción.

Entonces, estas reglas, que pueden ser normas impuestas por la sociedad o por nosotros mismos se convierten en barreras para el desarrollo personal.

Desde que somos pequeños nuestros padres se preocupan por enseñarnos las elementales normas de educación cívica, nos enseñan cómo comer adecuadamente, nos enseñan a reprimir las necesidades del cuerpo cuando estamos cerca de los otros, nos muestran cómo hablar, qué se puede y qué no se debe decir, cómo gesticular, cómo mirar sin parecer indiscretos... la lista es inmensa. Los padres, para cumplir "correctamente" su rol social, se encargan de transmitirnos una multitud de significados que son propios de la cultura, sin los cuales no seremos aceptados en la misma y por lo tanto no tendremos éxito. Cuando incumplimos una de estas normas somos penalizados de manera más o menos severa, por lo tanto, al final aprendemos que es mejor seguir las normas para insertarse "felizmente" en la sociedad obteniendo la aprobación y el apoyo de los otros.

Comprendiéndolo de esta manera todo parece funcionar bastante bien e incluso tiene un matiz positivo, el problema comienza cuando estas normas se convierten en una barrera para nuestro desarrollo individual, cuando a fuerza de seguir siempre las regulaciones dejamos de ser personas creativas, no sabemos qué hacer ante la incertidumbre de las situaciones cotidianas y nos sentimos perdidos en un océano de información sin saber cuáles de las brújulas culturales aprendidas podemos utilizar. La problemática aparece cuando a fuerza de seguir las normas éstas nos convierten en personas rígidas, personas que no saben cómo comportarse ante las situaciones estresantes o qué hacer ante el más mínimo cambio y por lo tanto, en la búsqueda de un método perfectamente estructurado, optamos por las reglas que dictan los otros.

Entonces, esas barreras que antes eran barreras externas, barreras de la sociedad, se convierten en barreras internas, barreras creadas por nosotros mismos a partir de su internalización rígida; se transforman en enemigos interiores que coartan nuestro crecimiento.

Como su nombre lo indica, las barreras son impedimentos que no nos permiten avanzar más allá en el camino, son obstáculos que nos impiden el paso y por tanto, obstaculizan el desarrollo y el logro de nuestros objetivos. En este sentido existen múltiples barreras aunque de forma general podríamos hacer referencia a dos grandes tipologías: las barreras externas y las barreras internas o personales.

Las barreras externas son aquellas que existen independientemente de nuestra voluntad y que normalmente son inmodificables en sí mismas. Existe un amplio abanico que se mueve desde el desencadenamiento de un terremoto hasta la utilización, por parte de nuestro interlocutor, de una palabra cuyo significado sólo él conoce. Constituyen barreras externas: la imposibilidad de acceder a un puesto de trabajo porque no tenemos la cualificación necesaria o porque la plaza ya fue cubierta, la aparición de una enfermedad, el desconocimiento de un idioma para implicarse en una cultura diversa a la nuestra, la ausencia de un sistema común de significados compartidos con un grupo al que deseamos insertarnos, las reglas implícitas de la sociedad que determinan cómo deben ser asumidos los roles familiares: el rol de los padres, los hijos, los abuelos...

Aún así, debe destacarse que las barreras externas normalmente constituyen barreras para algo, no existen en el vacío. Por ejemplo, una discapacidad física como la ausencia de visión constituye una barrera para acceder a un puesto como conductor de vehículo pero no tiene que convertirse necesariamente en una barrera para establecer relaciones interpersonales. Cuando la ausencia de visión se convierte en un obstáculo para relacionarse con las personas, también se ha transformado en una barrera personal.

Las barreras internas o personales son aquellos obstáculos que existen debido a nuestra forma de enfrentar el mundo, a nuestras características de personalidad y a nuestros comportamientos; constituyendo un freno para el desarrollo personal. Son interferencias que parten de las características individuales, de la percepción de la persona, de sus emociones, sus valores, sus hábitos, sus estereotipos, sus formas de pensar y sus creencias; por lo tanto son modificables en cierta medida.

De la misma forma que las barreras externas, las barreras internas normalmente son un obstáculo para algo, impiden el logro de un objetivo específico o el desarrollo de un área determinada de la personalidad. Por ejemplo, creer que "solo las personas que poseen un título universitario tienen algo importante que comunicar" nos conduce a prestar una atención diferenciada a los argumentos de estas personas, que pueden no ser suficientemente inteligentes mientras que minimizamos las ideas de aquellos que consideramos inadecuadamente preparados, perdiendo así la oportunidad de ampliar nuestro círculo de amistades y aceptar nuevos puntos de vista en la comprensión de las situaciones.

En estrecha relación con este estereotipo que reduce las posibilidades de ampliar nuestras formas de comprender el mundo y relacionarnos, se encuentra: la percepción selectiva de la información.

¿Cuántas veces hemos conversado con una persona que no entiende, por más argumentos que le brindemos, que su idea no es del todo positiva, que existen otros puntos de vista? Sucede en muchas ocasiones que cuando deseamos confirmar una idea, usualmente solo damos crédito a aquellos argumentos que la sustentan e incluso reinterpretamos algunos mensajes, evidentemente contrarios, en aras de que se conviertan en argumentos positivos para respaldar nuestra realidad. De esta forma estamos contribuyendo a nuestra propia inmovilidad, nos encerramos en una visión unilateral que defendemos como si fuese un baluarte inexpugnable. La percepción selectiva nos impide dar valor a las opiniones contrarias a nuestras creencias y por lo tanto nos coarta nuestra posibilidad de cambio, cercena la posibilidad de desarrollarnos.

Al contrario, en otras ocasiones, no somos capaces de buscar nuevas perspectivas porque estamos demasiado "tomados emocionalmente" y no podemos alejarnos suficientemente de la problemática como para vislumbrar una solución menos emocional y más racional, más centrada en la realidad. Estas son las personas que conocemos como emocionales, que muchas veces presentan un *overreacted,* que son catastrofistas o incapaces de solucionar el más pequeño problema si se ven involucradas emocionalmente en el mismo, la emoción las paraliza.

Por otra parte, hallamos personas que presentan una rutina diaria repleta de hábitos, salen de casa solo los días previamente señalados, comen en las horas precisas y siempre los mismos platos, visten el mismo estilo de prendas por toda la vida… estas personas se cierran al cambio y por tanto se encierran a la vida, a conocer personas diversas y experimentar nuevas sensaciones.

En fin, las barreras personales conducen generalmente a la inmovilidad, a mantener el estado de las cosas; son un motor que consume energía pero nos mantiene en el mismo lugar, constituyen un sinsentido.

¿Cómo surgen estas barreras personales?

Generalmente el mecanismo es bastante sencillo pero a su vez muestra matices muy sutiles, presentando en su base la no aceptación de la incertidumbre y el miedo al cambio, que conducen a la rigidez de pensamiento y a la inflexibilidad comportamental.

Cuando un niño es pequeño lo mantenemos constantemente vigilado porque "no tiene conciencia del peligro". Esto es cierto pero la base de tal "temeridad" radica en que el niño no posee límites en su afán de investigar, de descubrir el mundo, no hay temores en su búsqueda. Las barreras y los miedos van apareciendo poco a poco, en la misma medida que el niño va asumiendo las experiencias negativas que vive. Lo curioso es que en la mayoría de las ocasiones estas vivencias no poseen un matiz negativo en sí mismas sino que esta valencia es asignada por los otros, por los temores, las reglas, las barreras personales que poseen los adultos.

Así, gradualmente la niña va adquiriendo el temor por los insectos, los roedores… porque, a su vez, su madre les teme. Por su parte, el niño, a fuerza de repetirle que "los hombres no lloran" va desarrollando una coraza de racionalidad, una represión de sentimientos y emociones.

Cuando somos pequeños y comenzamos la escuela junto con la transmisión del conocimiento de la humanidad, también nos enseñan una forma de acercarnos a ese conocimiento, una forma de obtener la información, una manera de solucionar las problemáticas. No obstante, la mayoría de los sistemas educativos están orientados a validar una sola respuesta, a trabajar con la información suficiente para arribar a las soluciones. Así, vamos aprendiendo a enfrentarnos solo a lo conocido, a buscar soluciones de una manera rígida y unilateral. Desafortunadamente la mayoría de los problemas que se nos presentan a diario no tienen una solución única y generalmente acarrean consigo una gran carga de incertidumbre por lo cual, dependiendo de la perspectiva con que se analicen se encontrará una u otra solución, dependiendo de lo emocionales o analíticos que seamos, hallaremos una u otra respuesta.

Durante gran parte de nuestra vida nos enseñan que todo tiene un procedimiento ya definido, una estrategia determinada, una forma de ser específica, un método a usar que no puede ser cambiado; en otras palabras, no nos enseñan a enfrentar la incertidumbre, no nos enseñan a ser creativos y flexibles sino que nos aportan una serie de metodologías, de normas, reglas, estereotipos que posteriormente seguimos sin jamás cuestionarlos, ¡son tan habituales!

Recordemos cuando éramos estudiantes y nos enfrentábamos a los exámenes que contenían preguntas de elección múltiple, casi siempre el profesor presentaba una sola respuesta adecuada, de hecho, cuando no estábamos correctamente preparados en la materia, las resolvíamos por decantación porque ya sabíamos que solo una era la solución correcta, mientras que, cuando un profesor más creativo insertaba más de una respuesta correcta, nos decíamos que algo andaba mal y dudábamos. La escuela no solo nos enseña a interactuar con ciertos conocimientos sino que a la vez nos impregna de una forma de comprender y valorar el mundo que a veces se convierte en un lastre personal.

Por supuesto, no solo la escuela es responsable, crecemos rodeados de los adultos que nos indican qué hacer y cómo hacerlo, primero los padres, luego el maestro; cuando llegamos al punto de poder hacer las cosas por nosotros solos no sabemos cómo hacerlas y debemos buscar en los otros un camino, que puede no ser el mejor pero es el que nos demanda menos esfuerzo. O por otra parte, podemos utilizar las mismas fórmulas anteriormente aprendidas, independientemente de la situación a la que nos enfrentemos.

En este punto deviene lógica una pregunta: ¿Son las barreras modificables?

Un manual de autoayuda diría: ¡¡¡Si, destruyamos nuestras barreras!!! No obstante, todas las barreras no son modificables, existen barreras que escapan de nuestro control como pueden ser los fenómenos naturales catastróficos, la negativa rotunda del cónyuge a mantener el matrimonio, el deseo del hijo de irse de la casa para obtener su independencia, la imposibilidad de obtener un trabajo porque no tenemos los méritos suficientes para el mismo... la lista puede ser interminable. No obstante, la mayoría de estas barreras nos afectan porque están asociadas a alguna barrera personal pues usualmente solo nos perturba aquello que nos es significativo y entra en contradicción con nuestros valores, las formas de pensar, los hábitos, nuestra forma de comprender y enfrentar el mundo. Así, las barreras internas que se relacionan con las externas pueden ser modificables: el temor anticipado por la aparición de las catástrofes o la comprensión de las mismas como sucesos que jamás serán superados; el deseo casi enfermizo de controlar las vidas de nuestros hijos, la posibilidad de obtener un trabajo diferente sin sentir por eso que somos unos fracasados.

Vencer las barreras personales implica, en primer lugar, reconocerlas, ser capaces de individualizarlas y saber hasta dónde resultan perjudiciales para nuestro desarrollo personal: ¿nos sentiríamos mejor cambiando ese comportamiento, esa creencia? Si la respuesta es positiva entonces podemos seguir adelante teniendo en cuenta que en la mayoría de las ocasiones es inútil buscar la génesis de estos comportamientos o creencias pues usualmente no existe una circunstancia específica sino un conjunto de ellas que nos ha sustentado esa forma de pensar inadecuada, ese hábito inútil. Perder tiempo y esfuerzo buscando un culpable, un punto de partida pasado, generalmente no es efectivo.

Es importante determinar en qué momentos o situaciones se expresan estas barreras, cómo obstaculizan nuestro crecimiento personal, cómo seríamos o actuaríamos si no existieran y, sobre todo, determinar hasta dónde son modificables y hasta qué punto podemos incidir sobre ellas.

Finalmente es imprescindible enfrentarlas con la certeza de que siempre existe una forma mejor de realizar las cosas, que todos los fenómenos tienen diversas perspectivas y que todas no se muestran o no están a nuestro alcance en un primer momento.

¿Cuáles son las barreras más comunes?

1. Las etiquetas que colocamos cotidianamente, ya sea a los otros o a nosotros mismos. La presencia de estereotipos que impiden que nos comportemos de una manera abierta y flexible ante las más diversas situaciones, cerrándonos a la diversidad y al cambio. ¿Cómo llegamos a ser personas etiquetantes? ¿Cómo se forman nuestros estereotipos? ¿Cuál es el peligro de funcionar de manera estereotipada y etiquetante? ¿Cuáles son las etiquetas más comunes que laceran nuestras potencialidades?
2. La imposibilidad de cambiar nuestras perspectivas y valorar diferentes soluciones al analizar las situaciones cotidianas. El acorazamiento en

un punto de vista estático que conduce a comprender la problemática desde una única perspectiva. Asumir como nuestros una serie de prismas sociales en la forma de comprender las situaciones, que normalmente permanecen ocultos a nuestra consciencia. ¿Son verdaderamente nuestras las decisiones que tomamos? ¿La visión que poseemos del mundo, de las personas y de nosotros mismos nos ayudan a tomar decisiones excelentes o totalmente inadecuadas? ¿Cuántas veces somos conscientes de usar un prisma en el análisis de las situaciones? ¿Cuáles son los errores que cometemos con mayor frecuencia cuando debemos tomar una decisión?

3. La utilización de un estilo de afrontamiento previamente aprendido sin valorar su idoneidad para la situación problémica. ¿Cuál es nuestro estilo de afrontamiento? ¿Somos el mar que se estrella contra las rocas o somos la roca que perennemente soporta el embate del mar? ¿Cuáles son las consecuencias de asumir un estilo u otro?

4. El miedo al fracaso, la comprensión de la vida como una carrera enfocada a lograr el éxito, contenido solo en los logros materiales. ¿Somos capaces de fracasar exitosamente? ¿Somos exitosos fracasados? ¿Cómo enfrentamos el fracaso y las crisis? ¿Somos personas resilientes? ¿Cómo podemos ser resilientes?

5. El miedo a la incertidumbre, entendido como una incapacidad para enfrentar aquellos problemas que no muestran todas sus facetas; es la imposibilidad de lidiar con aquellas situaciones que demandan una solución pero que no brindan certezas ni se puede obtener una información suficientemente clara como para asumir con cierta seguridad las decisiones personales. ¿Cuántas certezas necesitamos antes de tomar una decisión? ¿Por qué necesitamos de las certezas y del control? ¿Somos personas controladoras? ¿Cuál es nuestro estilo

para ejercer el control sobre los otros? ¿Qué repercusiones tienen las ansias de control?

6. Los estados de ánimo pesimistas y depresivos, llenos de preocupación banal y culpabilidad sinsentido, que se convierten en muros para enfrentar nuevas situaciones creando un círculo vicioso que nos conduce al inmovilismo.

7. La tendencia a experimentar la culpa y la preocupación. ¿Qué creencias culturales sustentan la experimentación del sufrimiento? ¿Por qué vivenciamos las más diversas culpas? ¿Cuáles son los límites a nuestra preocupación? ¿Cuán efectiva es la preocupación?

8. La sensación de sobrecarga física y emocional, el sentir un agobio paralizante provocado por nuestras propias creencias y comportamientos. ¿Cómo nos agobiamos? ¿Cuáles son las actitudes que atraen el agobio? ¿Cómo podemos evitar el agobio?

9. Las formas de pensar improductivas que nos hacen regresar continuamente sobre las misas aristas, de manejando una y otra vez la misma información y arribando, por último, a la certeza de que solo existe una solución verdadera. ¿Por qué no podemos dejar de pensar en esas situaciones que nos resultan significativas? ¿Cuál es la base del pensamiento rumiativo? ¿Qué hacer para eliminar las ideas recurrentes y molestas?

10. La falta de sentido de la vida o la estrechez de estos sentidos. ¿Cuál es el sentido de nuestra vida? ¿Somos personas felices? ¿Qué es la felicidad? ¿Por qué caemos en las denominadas crisis existenciales?

Los siguientes capítulos se centran en el cómo se expresan y se desarrollan estas barreras a nivel personal, brindando posibles respuestas a estas cuestiones.

CAPÍTULO 4

Historia No. 4: Las galletitas compartidas

Una tarde llega a una estación de trenes una señora muy elegante; cuando se dirige a comprar el boleto le informan que el tren está bastante retrasado por lo cual; un poco molesta, se dispone a pasar el tiempo lo mejor posible.

La señora compra una revista, una botella de gaseosa y un paquete de galletitas y se sienta en uno de los bancos del andén. Mientras hojea la revista, un joven se sienta a su lado y comienza a leer un diario. Imprevistamente la señora ve con el rabillo del ojo, como el muchacho, sin decir una palabra, estira la mano, agarra el paquete de galletitas, lo abre y después de sacar una comienza a comérsela despreocupadamente.

La mujer está indignada. No está dispuesta a ser grosera, pero tampoco a hacer de cuenta que nada ha pasado; así que, con gesto exagerado, toma el paquete y saca una galletita que exhibe frente al joven y se la come mirándolo fijamente.

Por toda respuesta, el joven sonríe… y toma otra galletita.

La señora gime un poco, toma una nueva galletita y, con ostensibles señales de fastidio, se la come sosteniendo otra vez la mirada del muchacho.

El diálogo de miradas y sonrisas continúa entre galleta y galleta. La señora cada vez más irritada, el muchacho cada vez más divertido.

Finalmente, la señora se da cuenta de que en el paquete queda la última galletita. "No podrá ser tan desvergonzado", piensa, y se queda como congelada mirando alternativamente al joven y a las galletitas.

Con calma, el muchacho alarga la mano, toma la última galletita y, con mucha suavidad, la corta exactamente al medio y con una sonrisa amorosa le ofrece la mitad.

- ¡Gracias!- dice la señora tomando con rudeza la media galletita.

- De nada- contesta el joven sonriendo mientras come su mitad.

El tren llega y la señora se levanta furiosa, recoge sus cosas. Cuando se sienta ve por la ventanilla al muchacho sonriente todavía sentado en el banco del andén y piensa en lo insolente de su comportamiento.

Siente la boca reseca de ira y recuerda que aún tiene en su bolsa la botella de gaseosa. Cuando abre su cartera... ¡sorpresa! Encuentra su paquete de galletitas, ¡intacto! [3]

El peligro de la etiquetación. ¡Hízose la profecía!

La señora de la historia anterior reaccionó de forma etiquetante ante una situación cotidiana. Ella tenía la certeza de que aquel era su paquete de galletitas y por otra parte seguramente pensaba que la mayoría de los jóvenes son personas irrespetuosas, por lo tanto asumió inmediatamente una posición defensiva sin detenerse a analizar otras posibles explicaciones. ¿Cuántas veces y en cuántas situaciones diversas hemos adoptado comportamientos parecidos?

En muchas ocasiones mostramos determinadas conductas irreflexivas que presentan como único basamento: nuestras etiquetas, nuestra forma de etiquetar a los otros y a nosotros mismos.

Desde que nacemos estamos insertos en la sociedad y ésta condiciona inevitablemente la forma en que vivenciamos las más diversas experiencias; a su vez influye en la estructuración de nuestra personalidad y en la manera como nos relacionamos con el mundo. La necesidad de comunicarse con los otros favorece nuestro desarrollo personal pero también conduce a la etiquetación, cuando el niño pequeño se apropia de una nueva palabra no solo aprende un término sino también toda la cultura contenida en el mismo. Cuando el niño aprende la palabra "perro" no solo comprende que es un animal, un mamífero; sino que también asimila algunas formas de relacionarse con él, experimenta sentimientos positivos o negativos, una atracción o un rechazo. Detrás del aprendizaje de cada palabra normalmente se esconde una actitud, todo un mundo de sensaciones, sentimientos y valoraciones.

Sin embargo, este mundo oculto detrás de cada significado pocas veces se hace explícito; las personas en la mayoría de las ocasiones están acostumbradas a compartir etiquetas, a compartir lo superficial de los significados; muy pocas veces son capaces de sobrepasar lo percibido por los sentidos y arribar a la vivencia, a compartir lo más íntimo. En nuestras relaciones cotidianas nos limitamos a comentar si nos gustó o no una canción, valoramos si el libro fue bueno o no, si el filme nos parece innovador o no; en el mejor de los casos si nos preguntan el por qué de nuestra opinión nos limitamos a referir nuestras posiciones sobre la calidad técnica sin percatarnos que el libro aburrido, la canción pésima o el peor filme dejan de ser valorados negativamente cuando encuentran resonancia en nuestras vivencias; es decir, cuando una obra representa un suceso importante de nuestra vida o un tema con el cual estamos especialmente involucrados, probablemente valoraremos la misma bajo un prisma más emocional e indulgente, adentrándonos menos en los detalles técnicos.

Usualmente los sentidos que están determinando nuestras opiniones no los compartimos con los otros, ponemos en común nuestros criterios técnicos, nuestros significados culturales; manteniendo escondidas esas emociones, esas vivencias.

Por supuesto, resulta mucho más fácil explicar nuestra posición sobre la calidad técnica de una obra porque todos manejan más o menos la misma información, el mismo punto de referencia, mientras que explicar nuestra vida íntima, nuestras vivencias, demanda una profunda sensibilidad por parte de los otros; exige una empatía que coadyuve al poner en común. Entonces, para "facilitar" las relaciones interpersonales, en muchas ocasiones, funcionamos en el nivel de etiquetas y de estereotipos.

Los estereotipos son juicios estrechos, circunscritos y generalmente precipitados acerca de algo que no conocemos suficientemente como puede ser: un grupo de personas, una profesión, la población de un país o una zona, una empresa, un rol familiar… la lista es verdaderamente interminable. Se forman a partir de vivencias limitadas que pueden ser experimentadas por nosotros mismos o por los otros, al relacionarse con un grupo de personas o individuos.

En algunas ocasiones tenemos experiencias similares con diferentes personas de la misma etnia, que pertenecen a la misma empresa, de similar edad o posición social y estas nos conducen a sacar conclusiones generalizadoras y erróneas que posteriormente aplicamos lapidariamente cuando nos encontramos con una persona que encaje el perfil que hemos construido. Otras veces estas conclusiones erróneas y generalizadoras no son un producto de nuestras vivencias sino de las experiencias de los otros, de los amigos o los abuelos; son los estereotipos que importamos ya sea de una generación a otra o a través de los medios de comunicación masiva.

No obstante, los estereotipos, sean propios o importados, contienen una información sesgada que no permite valorar con suficiente objetividad la multiplicidad de perspectivas contenidas en la situación y se convierten en una barrera para el comportamiento flexible.

A partir de los estereotipos, que normalmente describen a un grupo o a las personas, a su forma de comportarse, sentir y reaccionar ante las más diversas situaciones; desarrollamos e imprimimos las etiquetas individuales que colocamos en los otros y en nosotros mismos. Por ejemplo, uno de los estereotipos más comunes es: "Los hombres no lloran". ¿A dónde nos conduce esta idea? A etiquetar a los hombres que conocemos de una manera superficial: "Joaquín es una persona fuerte emocionalmente" y a partir de esta etiqueta nos relacionamos con Joaquín, le "permitimos" ciertas cosas y le "prohibimos" otras, lo encerramos como personalidad. Existe otro estereotipo muy difundido que dio pie a la historia anteriormente narrada: "todos los jóvenes son personas irrespetuosas" lo cual nos lleva a etiquetar a nuestro vecino Fabiano que tiene 19 años como un muchacho desconsiderado. A partir de esta etiqueta nos relacionaremos con Fabiano, seguramente lo miraremos con recelo, con cierto aire de superioridad porque somos de otra generación que sabe exactamente cuáles son las normas de educación (una etiqueta que nos pusimos, en este caso, a nosotros mismos); entonces es muy probable que Fabiano perciba este distanciamiento y como respuesta él se aleje de nosotros, confirmando de esta forma nuestra etiqueta y las expectativas sobre su comportamiento.

Este es el "cumplimiento de la profecía" que se describe en el conocidísimo efecto Pigmalión. Existen múltiples investigaciones, sobre todo en el área educativa que se centran en explicar cómo las creencias de los profesores influyen en el rendimiento de sus estudiantes. Cuando a los profesores le presentaban a un estudiante de bajo índice académico como un estudiante excelente, con el tiempo éste tendía a aumentar su aprovechamiento mientras que, cuando le presentaban a un estudiante excelente como un estudiante de bajo índice académico, con el tiempo éste disminuía su aprovechamiento. En fin, las creencias de los profesores sobre el desempeño de sus estudiantes se cumplían porque los profesores asumían una serie de comportamientos que restringían o ampliaban las posibilidades de desarrollo de sus alumnos; por ejemplo: le brindaban mayor tiempo de respuesta a aquellos que consideraban más inteligentes, le ofrecían mayores posibilidades de participación en la clase, mantenían más contacto personal, los premiaban con mayor asiduidad y en ocasiones hacían caso omiso de sus errores.

Así como los profesores, desde sus creencias, influyen en el comportamiento de sus estudiantes, también nosotros ejercemos ésta influencia en las personas que se encuentran a nuestro alrededor. También en nuestra cotidianidad se cumple el Teorema de Thomas que enuncia que si las personas definen una situación como real, independientemente de que lo sea o no, ésta será real en sus consecuencias. Nosotros no solo respondemos a los hechos sino al significado que le brindamos a los mismos. Por ejemplo, existe una situación que podríamos llamar inocua o neutra: mientras paseamos por el bosque nos encontramos frente a frente con un perro. En dependencia de la decodificación que hagamos de las señales que nos emita el perro y en relación con nuestras experiencias pasadas asumiremos esta situación como amenazante o no y entonces actuaremos en consecuencia: intentaremos protegernos y huir del perro o nos mantendremos en nuestra actividad haciendo caso omiso de su existencia o puede que incluso lo acariciemos.

Así la profecía se autoalimenta, no importa si una situación de partida es falsa ya que la misma genera una serie de comportamientos que la validarán desde su origen. Es muy probable que al inicio el perro ni siquiera se haya percatado de nuestra presencia pero si nosotros lo consideramos como una amenaza secretaremos adrenalina, que puede atraer su atención y volverlo verdaderamente agresivo.

En fin, si creemos que una situación resulta amenazante e inquietante o al contrario es placentera y atrayente, probablemente la situación poco a poco responderá a nuestras expectativas y se irá transformando para secundar nuestras etiquetas a partir del influjo que ejercemos sobre la misma, generalmente de manera no razonada o inconsciente.

Así, el problema principal radica en que las etiquetas que utilizamos no son simplemente una palabra o una expresión sino también una expectativa. Cuando formulamos o imprimimos una etiqueta, ésta contiene una serie de comportamientos esperados, formas de pensar, sentir y valorar que supuestamente le son intrínsecas a la persona o al grupo etiquetado. Así, cuando etiquetamos a alguien o algo no solo le colocamos un nombre sino también un repertorio restringido de formas de actuar y de comprender el mundo. Soren Kirkegaard expresó muy acertadamente: "si me clasificas o me etiquetas, me niegas".

Curiosamente, a la misma vez que restringimos al etiquetado nos limitamos a nosotros mismos, en tanto comenzamos a reaccionar, no ante la realidad sino ante las expectativas que tenemos de esa realidad; es como si nos creáramos un mundo virtual y comenzáramos a vivir en el mismo. Comenzamos a explicitar, muchas veces de manera no consciente, valoraciones y comportamientos que responden a nuestras creencias y no a lo que estamos experimentando, nos alienamos y perdemos de vista muchas puertas que pueden conducir al éxito.

Pese a todo, este discurso no es una exaltación de la negatividad de las etiquetas; debe reconocerse que existen ocasiones en las cuales las etiquetas actúan como facilitadoras. Hay determinadas situaciones en las cuales es necesario conocer, e incluso compartir, algunas etiquetas que distinguen a un grupo si realmente deseamos adentrarnos en su sistema de referencia y entrar en sintonía con nuestros interlocutores. En otras ocasiones, debido al poder sintetizador y movilizador que posee una etiqueta, ésta puede salvarnos la vida pues cuando nos enfrentamos a una situación de peligro donde debemos reaccionar con rapidez, no es prudente comenzar a cuestionarnos la validez de nuestra etiqueta negativa sino actuar en correspondencia ahorrándonos un riesgo innecesario.

Etiquetar nos hace sentir más seguros porque nos permite orientarnos rápidamente en una situación de la cual poseemos poca información; nos permite darle un sentido a lo que estamos viviendo y por lo tanto nos orienta hacia una forma de comportarnos al respecto.

Las etiquetas pueden servirnos como puntos de apoyo, como conocimiento básico, condensado y generalizado sobre alguien o algo; como un punto de referencia que nos brinda cierta seguridad en situaciones que son particularmente nuevas. Desde esta perspectiva la etiqueta se convierte en una información "cuasi-inocua" (realmente no existen informaciones del todo inocuas), que no determina en extraordinaria medida nuestras expectativas ni comportamientos, manteniéndonos abiertos a la diversidad y flexibles para comprender al otro.

En una ocasión me llamaron para que impartiera una asignatura en una carrera donde nunca había trabajado. Yo acepté.

Al llegar a la primera reunión de profesores me hicieron una panorámica del grupo: no saben trabajar en equipo, son poco inteligentes, impuntuales, desinteresados, desmotivados profesionalmente, en fin, ¡un verdadero caos! A la vez me pidieron una explicación: ¿por qué el grupo funcionaba así?

Fui a constatar por mí misma, sin dejarme permear por esos calificativos. Al inicio hubo impuntualidades pero poco a poco se fueron eliminando y nunca hubo desinterés ni desmotivación. Así, descubrí una de las causas del llamado malfuncionamiento grupal.

- Tiene que escuchar lo que nos dicen los profesores apenas comienza la signatura: ya sé que ustedes no son un grupo, vamos a hacer lo que podamos –. Me confesó una estudiante.

Así se confirmaba la profecía.

Con el tiempo y trabajando con profesores y estudiantes, el grupo llegó a ser destacado en la universidad.

Hoy, para mí, es uno de los recuerdos más lindos.

¿Por qué se formó la etiqueta sobre este grupo?

Porque desgraciadamente existen personas rígidas, de pensamiento y conducta, que asumen como verdaderas las etiquetas de los otros sin cuestionarse de donde surgen, qué basamentos tienen o sin son adecuadas para su forma particular de relacionarse y de ser. Estas etiquetas se importan porque a la persona le resulta más sencillo adoptar las valoraciones de los otros que buscar la realidad detrás de una etiqueta establecida; se importan por costumbre, por hábito, porque desde pequeños asumimos sin grandes dificultades los criterios ajenos.

No obstante, también existen etiquetas que son fruto de nuestras experiencias. Comentemos un ejemplo más sencillo:

Una señora recorre el camino de regreso a su casa. Mientras pasa por una calle a oscuras es asaltada, siendo despojada de sus pertenencias de valor. El asaltante es un hombre joven de color de piel negra.

Esa señora a partir de ese momento asumió dos etiquetas: "las personas de piel negra son malhechores" y "los jóvenes buscan la vida fácil, no quieren esforzarse". A partir de una situación puntual se exporta una generalización inadecuada a todas las personas con semejantes características. Esta etiquetación tiene un doble efecto negativo pues en el caso de que la señora vuelva a salir sola de noche probablemente se mantendrá sobre aviso solo de las personas de raza negra y de los jóvenes, por lo cual, confiará en los otros que estén excluidos de su etiqueta, que también podrían ser ladrones potenciales. A la vez, es muy probable que aplique esta etiqueta a otras situaciones de su cotidianidad completamente inofensivas, dañando así sus relaciones interpersonales.

Existen tres factores que son determinantes para desarrollar un estereotipo y su consecuente etiqueta: 1. La forma en que se vivenciaron los hechos, o sea, el impacto psicológico de los mismos sobre la persona, 2. La forma positiva o negativa en que los otros significativos para la persona valoran los comportamientos y, 3. La manera en que se ha constituido la personalidad y su forma de valorar los hechos, la posibilidad de ser flexible o rígido.

Cuando una situación despierta emociones fuertes e impacta el equilibrio psicológico de la persona, como en el caso de la anciana asaltada, existe una mayor probabilidad de que se forme un estereotipo en tanto la persona en el futuro tenderá a evitar situaciones similares o, en el caso inverso, intentará volver a vivenciar las mismas si estas lo impactaron de manera positiva. Las etiquetas, en tanto contienen una actitud hacia algo, pasan entonces a formar parte de un mecanismo de defensa o de un patrón específico de comportarse que conduce a la búsqueda de lo satisfactorio.

A su vez, influye la forma en que las otras personas que nos resultan significativas valoran la situación. Si los que están a nuestro alrededor consideran que las personas deben ser discriminadas por el color de la piel o por su género, probablemente también nosotros compartiremos estos estereotipos.

Por último, es vital la forma en que se ha estructurado nuestra personalidad. Si somos personas que actuamos con flexibilidad, que valoramos desde varias perspectivas cada situación y nos esforzamos por encontrar respuestas a las diversas problemáticas por nosotros mismos; probablemente estaremos menos dispuestos a aceptar los estereotipos y las etiquetas de los otros y tendremos una menor tendencia a etiquetar. Si por el contrario, somos personas que creemos que solo existe una verdad absoluta, una única solución para cada problema, si nos encerramos en visiones parcializadas y nos resulta más cómodo aceptar las soluciones de los otros que buscarlas por nuestra cuenta; entonces tenemos amplias posibilidades de ser personas que andan por el mundo repartiendo etiquetas y auto-etiquetándose.

No obstante, seamos más o menos rígidos, todos en algún momento presentamos la tendencia a reproducir comportamientos que hemos vivenciado o expresado a lo largo de nuestra historia de vida. El hecho de que nos hayan enseñado una forma específica de pensar, valorar y sentir, no significa que no podamos cambiar.

Las excusas detrás de las etiquetas personales

Las etiquetas personales funcionan en un nivel más velado. En muchas ocasiones nos formamos una imagen negativa de nosotros mismos a fuerza de escuchar, ya sea en el seno de la familia, en la escuela o en el trabajo, referencias negativas sobre nuestra competencia en algún sector de la vida. Nos abrumamos con frases como: "no soy suficientemente bueno", "no soy capaz", "es imposible que tenga éxito", "soy un fracasado"... parece ser que el vocabulario de frases negativas dirigidas contra nosotros mismos está repleto mientras que las frases de auto reconocimiento y de halago se minimizan.

A su vez existen otras etiquetas muy comunes que no brindan espacio al crecimiento personal y que he observado en aquellas personas que me han solicitado ayuda: "soy hecho de esta forma", "soy así, no puedo cambiar", "es mi carácter"...

Cuando escucho estas etiquetas casi siempre les pregunto: "Asumamos que estás hecho así y no puedes cambiar entonces ¿qué quieres hacer?"

Cuando las personas se enfrentan con este dilema inmediatamente se dan cuenta de la contradicción: El psicólogo no tiene poderes sobrenaturales, mágicos; la psicoterapia es un proceso que implica cambio y resolución conjunta, si asumimos que el cambio es imposible entonces pagar a psicoterapia es un gasto innecesario.

En este momento usualmente aparece otra excusa: "Siempre lo he hecho así". Obviamente, si alguien llega a una consulta de psicología pidiendo ayuda es porque hacer las cosas siempre de esa manera no ha dado resultados satisfactorios, porque necesita hacer las cosas de una forma diferente, quizás no mejor ni peor, pero sin duda alguna diversa.

En el preciso instante en que la persona se enfrenta a estas ideas, en que acepta que las cosas necesitan hacerse de otra manera y acepta que el cambio es posible; inicia su proceso de transformación porque comienza a reconocer sus contradicciones, sus temores y sus etiquetas desde una perspectiva esperanzadora.

En este punto resulta particularmente interesante una comparación que realizó Louise L. Hay. Tenemos dentro un niño pequeño al que estamos continuamente recriminando, regañando, negándole sus deseos y solo en muy escasas ocasiones somos capaces de felicitarlo, agasajarlo, regalarle. Entonces no sería extraño que todo funcione mal en la vida, que exista la depresión, la ansiedad de desempeño, la sensación de fracaso, la desesperanza aprendida... sería extremadamente inusual que todo funcionase bien en nuestras vidas.

En muy pocas ocasiones mostramos compromiso para con nosotros mismos. Existe compromiso para con los amigos, para con la familia, para el trabajo pero ¿y el compromiso personal?, la necesidad de manifestarse tal cual somos, la necesidad de respetarse a sí mismo, de cuidarse y amarse. Simplemente nos minimizamos y postergamos detrás de las etiquetas personales que se convierten en nuestras barreras cotidianas, en uno de los más poderosos enemigos interiores.

Existe una enorme multiplicidad de etiquetas, algunas de las más comunes son:

1. El "Yo fisiológico": soy poco atractivo, demasiado pequeño, demasiado gorda...

Esta forma de etiquetarse se produce esencialmente a partir de la comparación que hacemos con los otros, con los modelos de belleza que la cultura nos ha impuesto y que, para la gente común, generalmente son inalcanzables en su totalidad. Es una etiqueta que no nos permite aceptarnos completamente y nos crea cierto sentimiento de inseguridad e inferioridad.

Hace algunos años cuando asistía a la escuela primaria recuerdo un niño que era particularmente extrovertido y de rostro agradable pero tenía las orejas un poco grandes. Realmente no eran nada excepcional pero por ese capricho infantil de burlarse de todo y de todos, de vez en cuando algún niño le recordaba que tenía unas orejas diferentes del resto.

Con el paso del tiempo dejé de ver al niño, llegamos a la adolescencia y supe que se había hecho una cirugía para corregir sus orejas pues se sentía muy mal con lo que él consideraba: "su defecto".

– Un año después de la operación él seguía encontrando defectos en sus orejas hasta tal punto que se convirtió en su obsesión. – Me explicó su madre al encontrarnos hace poco.

El niño-adolescente se había suicidado. No me lo podía creer.

Cuando notamos en nosotros una característica física que nos resulta sobresaliente de manera negativa ésta se convierte en centro de atención minimizando los aspectos positivos de nuestro físico; así, dejamos de ser nosotros para convertirnos en un hombre con una nariz superlativa o una mujer gorda. Dejamos de ser quiénes somos y entramos en la etiqueta y los comportamientos relativos a la misma. De esta forma, las etiquetas referentes al "yo fisiológico" nos restringen las posibilidades de mantener relaciones desinhibidas y abiertas con las personas y se convierten a la vez en una excusa para no enfrentar la complejidad de las mismas.

Cada uno de nosotros es mucho más que una nariz inmensa, que la celulitis acumulada o la calvicie incipiente. Cuando nos relacionamos con los otros y nos referimos a nosotros mismos como si solo fuésemos una parte de nuestro cuerpo estamos lacerando nuestras potencialidades y la posibilidad de ser aceptados como personas que poseen una riqueza que no se restringe al yo físico.

2. El "Yo intelectual": yo soy pésimo para las matemáticas, la gramática, los idiomas; no entiendo nada de política, de economía…

    En una ocasión, mientras aplicaba un test de inteligencia, la joven, que estudiaba una carrera de letras, contestaba bastante bien todas las preguntas hasta que llegamos a los problemas matemáticos, que por demás eran bastante sencillos, muy por debajo de la inteligencia que había demostrado en las preguntas anteriores. Inmediatamente la joven se bloqueó y comenzó a responder erróneamente a todos los problemas, visiblemente desconcentrada. Le pregunté qué le sucedía: - "Es que siempre he sido muy mala en matemáticas".

Interrumpí el test y le dije que continuaríamos en otra ocasión.

La próxima vez conversamos sobre la realidad de su etiqueta, sobre qué temas en particular le habían sido difíciles en la matemática y sobre las notas que había alcanzado, que por demás, siempre habían sido por encima de la media.

Cuando recomenzamos el test matemático sus resultados fueron bastante buenos, apuntando a la media.

Esta forma de etiquetarse garantiza que no nos esforzaremos por cambiar. Es el reconocimiento de nuestras "supuestas debilidades" de una manera superlativa y exacerbada. Es una barrera que nos evita el esfuerzo de tener que manejar y comprender información que nos parece carente de atractivo y así nos incapacita para diversificar nuestras áreas del conocimiento.

Todos sobresalimos en alguna área intelectual mientras que tenemos dificultades en otras tantas; esta es la esencia del concepto de inteligencias múltiples. No obstante, el hecho de no ser igualmente habiloso o conocedor de ciertas esferas no implica que no seamos capaces de obtener resultados o avances discretos en las mismas. Particularmente, yo no comprendo muy bien la Física como ciencia. ¿Qué quiere decir esto? ¿Hasta dónde me limita esta deficiencia? Evidentemente nunca llegaré a ser una física reconocida mundialmente, ni tan siquiera lograré ser una profesora mediocre de la asignatura. Eso quiere decir que mis esfuerzos individuales usualmente no me bastan para comprender algunas leyes y teorías físicas pero si otra persona más capaz o conocedora me asiste, explicándome algunos puntos que para mí permanecen oscuros, entonces soy capaz de comprender ese pedacito de realidad física. Quiere decir que debo esforzarme más para entender esa parte de la realidad que el resto de mis amigos pero no renunciaré a ver un programa sobre los agujeros negros o la teoría de las cuerdas.

El "yo intelectual", usualmente es más un pretexto para no esforzarnos que una realidad inmutable.

3. El "Yo genético": soy introvertido, temperamental, ansioso, flemático...

Asumimos que nuestro temperamento determina nuestros comportamientos, recurrimos a la genética para explicar aquellas actuaciones que ni siquiera nosotros mismos aceptamos pero que a la vez consideramos inevitables por lo cual, ¡la culpa no es nuestra!, no existen posibilidades de cambio.

Hace algún tiempo conocí una pareja muy linda que tenía un único problema: ¡él era el clásico flemático descrito en la literatura! y ella le reprochaba la ausencia de los gestos o los arrebatos de amor (que son más propios de los melancólicos, coléricos o sanguíneos, de todos menos de la persona con características flemáticas).

Él aseguraba amarla pero a la vez se sentía incapaz de expresarse en forma semejante. Sin embargo...

En pocas sesiones descubrimos que efectivamente él también sentía esos impulsos pero los contenía, pretextando: "yo no soy hecho de esa forma, nunca lo he hecho. Yo soy una persona medida en mis actos".

Él era una persona de temperamento muy controlado, temía dejarse llevar por las emociones.

Al cabo de un tiempo, sin dejar de ser flemático, (sería una locura pedirle peras al olmo) fue capaz de expresar de forma más libre sus sentimientos.

Con estas creencias no nos esforzamos en cambiar y modular nuestro temperamento; nos convertimos en marionetas, no del sistema nervioso, sino de nuestra etiqueta, de nuestro deseo de mantener las cosas tal cual son.

4. El "Yo físico": yo soy malo para las tareas que requieren habilidad manual o esfuerzo físico.

"Los deportes no son hechos para mí", es la clásica frase de aquellos que desean bajar las libras de más a fuerza de hacer dietas pero sin aproximarse a un gimnasio.

En una oportunidad vino a mí una joven de 27 años un poco pasada de peso con una demanda muy concreta: "Yo quiero aprender ejercicios de relajación pues estoy ansiosa y como demasiado. Así no puedo seguir la dieta".

Al hacerle notar que era una persona joven y por lo tanto, también sería importante que hiciera ejercicios y que no se limitara solo a la dieta confiesa que la actividad física no era hecha para ella aunque se revelaba una fiel seguidora de todos los deportes y conocía casi a la perfección las reglas de la mayoría de estos.

Este hecho me resultó extraño por lo cual decidí explorar la causa de tal etiquetación: cuando la joven era una niña, su profesora de Deportes continuamente le decía que estaba retrasada en comparación con los demás, que no sabía realizar los movimientos adecuadamente... Así, la joven en cuanto le fue posible, rechazó el deporte y dejó de hacer ejercicios físicos.

Hoy esta joven ha comprendido que esta era una etiqueta que no le pertenecía e incluso disfruta de los momentos en que va al gimnasio demostrando más tenacidad que otras jóvenes de su edad.

Colocarnos esta etiqueta nos da la seguridad de que nunca tendremos que hacer las cosas que nos resultan desmotivantes y con las cuales hemos tenido una mala relación en el pasado. Nos conduce a restringir las potencialidades de nuestro cuerpo con la creencia errónea de que las cosas solo tienen un modo de hacerse: se hacen BIEN (con mayúsculas) o no se hacen.

El hecho de que nosotros no seamos campeones de tenis o de baloncesto no implica que no podamos ser partícipes del juego. No podemos mantener el mismo ritmo de carrera que nuestros compañeros de pista, ¡no tiene importancia!, lo importante es no renunciar al placer de correr.

5. El "Yo rutinario": yo soy obsesivo, desorganizado, olvidadizo, irresponsable, autoritario, prepotente...

Estas etiquetas son muy comunes y su perfil justificativo es amplísimo. En ocasiones las utilizamos para manipular a otras personas, principalmente a los subalternos: "yo soy obsesivo, por lo cual las cosas deben hacerse de esta manera, no existe otra posibilidad si deseas trabajar conmigo".

En otras ocasiones funcionan como la justificación de una rutina que es imposible cambiar, como una tradición inamovible que ha funcionado más o menos bien. "Mi desorden es mi orden" ¿Y cuando te enfermes y alguien deba asumir urgentemente tu puesto de trabajo? ¿Cómo encontraran lo que necesiten?

Es una justificación para no cambiar, para asegurarse de que no existan riesgos.

Tuve la grandísima oportunidad de trabajar con una jefa mandona, autoritaria y prepotente. Y digo la grandísima oportunidad porque lidiar, más que relacionarme con ella, me posibilitó mejorar mis habilidades comunicativas, aumentó mi umbral de aceptación.

Cada vez que se dirigía a un subalterno (fíjese que siempre utilizaba esta manera de relacionarse solo con sus subalternos, ¡una jefa muy inteligente!) lo hacía gritando, imponiendo su opinión.

Cuando en una ocasión me olvidé que era una subalterna, realmente nunca me han importado mucho los rangos, le pregunté por qué se dirigía de esa forma hacia las personas: "es que no puedo evitarlo, soy mandona, ellos comprenden que no lo hago por mal"- me respondió.

Estas etiquetas impiden que trabajemos para mejorar nuestra forma de relacionarnos, nuestra memoria, nuestra atención… simplemente nos ayudan a mantener un estado de cosas que nos resulta particularmente cómodo aunque no sea especialmente eficaz o gratificante.

6. El "Yo profesional": soy abogado, soy bibliotecario, soy oficinista, soy psicólogo, soy militar, soy matemático…

Ésta resulta una etiqueta bastante singular ya que generalmente al cursar una profesión ésta imprime ciertas características en sus estudiantes; conduce a las conocidas deformaciones profesionales.

El problema verdadero comienza cuando el padre piensa que su hijo es un soldado a su mando, cuando el matemático intenta controlar todas las variables de la vida y esto le impide lanzarse a lo incierto, cuando el abogado quiere que absolutamente todas las leyes se cumplan al pie de la letra sin dar lugar a la flexibilidad, a la individualización y cuando el psicólogo confunde a la esposa con el paciente y la psicoanaliza.

Aceptar esta deformación profesional como algo inevitable, que no se puede controlar solo nos conduce a cercenar nuestro desarrollo, la posibilidad de mantener relaciones interpersonales abiertas, sin la presión del cómo debo ser.

7. El "Yo étnico": yo soy alemán, negro, chino, latinoamericano, italiano…

Estas etiquetas encierran los comportamientos clásicos y "permitidos" de las diferentes etnias y culturas. Es una etiqueta justificativa para ciertas conductas que no son aceptadas y que sería mejor variar pero asumimos la carta de justificación que nos brinda nuestra cultura de origen.

Bajo el salvoconducto del *latin lover*, conocí un hombre que estaba "felizmente casado"– cito sus palabras. Pero intentaba seducir todas las chicas que se le acercaban con la intención de llevárselas a la cama.

Acotación imprescindible: el hombre intentaba por todos los medios que la esposa no se enterase, es decir, no era una pareja abierta.

Al preguntarle lo que según mi lógica era una contradicción: ¿cómo podía decir que tenía un matrimonio feliz y que amaba a su esposa si continuamente la engañaba?, me responde:

– Yo amo a mi mujer pero no lo puedo evitar, soy italiano, lo llevo en la sangre.

Repito una vez más: esta era una persona que en el intento de explicar a los demás y a sí mismo un comportamiento no aceptado, utiliza su nacionalidad como única excusa.

Las personas que utilizan estas etiquetas se niegan la posibilidad de ser autocríticos y por lo tanto, de conocer con profundidad la verdadera motivación de sus comportamientos. Se niegan la posibilidad de cambiar.

Insertándonos en esta etiqueta excluimos y minimizamos nuestra individualidad pasando a formar parte de una masa homogénea, con la cual muchas veces no compartimos ni siquiera una cuarta parte de su forma de comportarse, valorar y sentir.

A la vez, si creemos que cada etnia posee sus peculiaridades inamovibles, también estamos disminuyendo la posibilidad de relacionarnos de una manera más flexible y abierta con culturas diferentes.

8. El "Yo etáreo": Yo soy muy joven, soy demasiado viejo, no tengo experiencia, soy solo un adolescente, estoy en la crisis de los cuarenta...

Con estas etiquetas escondemos nuestro miedo a arriesgarnos y usamos la edad como excusa. Los ejemplos parecen ser interminables. Una persona posee una edad avanzada y considera que no puede asumir riesgos como volverse a enamorar, cambiar el estilo de vida o emprender un viaje a un país desconocido; o al contrario, en la vejez adoptamos comportamientos que nunca nos hubiésemos permitido si tuviéramos otra edad: nos afiliamos al permiso de la insolencia. Otro ejemplo bastante común es cuando un hombre le es infiel a su esposa y al ser descubierto aporta como única excusa: "estoy en la crisis de los cuarenta". Claro, también pudiera ser la crisis de los cincuenta o los sesenta, realmente el número cuenta poco como excusa. Me permito todavía una última ejemplificación:

Hace pocos días escuche en los medios de comunicación masiva una historia de un joven realmente desconcertante.

El joven había llevado ante un tribunal a su madre pidiéndole un resarcimiento económico por los daños psicológicos que ésta le había causado.

Sin embargo, el caso que parecía bastante simple fue complejizándose cuando se comenzaron a enumerar los errores y comportamientos inadecuados del joven, que lo hacían inmerecedor del resarcimiento exigido.

Como toda explicación él, demostrando un conocimiento de la psicología evolutiva responde: "No puede esperarse otra cosa de un adolescente que está en busca de su identidad".

¡Qué bueno es que las masas aprendan psicología para justificar sus comportamientos!

Lo que realmente expresan estas etiquetas es un justificativo, un miedo a enfrentar lo incierto y el deseo de poner la responsabilidad de las acciones en un lugar que no sea "yo mismo". Esto sucede, en buena medida, porque aunque tengamos cuarenta años continuamos funcionando con una edad psicológica de un niño de cinco o un joven de veinte. Cuando asumimos comportamientos irreflexivos se demuestra el joven que hay en nuestro interior, cuando no asumimos la responsabilidad por nuestros actos aparece el niño pequeño atemorizado de su entorno. Así, nos movemos cómodamente de una edad a otras siempre que éstas nos brinden una excusa plausible para nuestros errores.

Esta etiqueta cierra las puertas a asumir retos, a nuevas posibilidades, a enfrentar las crisis de una manera personalizada y por lo tanto, ganar de las mismas asumiendo actitudes responsables.

9. El "Yo de género": soy una mujer débil, soy un hombre...

Estas etiquetas se relacionan con nuestro género, con la imposibilidad de asumir determinados riesgos, exhibir algunos comportamientos porque no son propios de nuestro género, porque no están concebidos en nuestros roles comportamentales.

En las sociedades machistas, principalmente, existen determinadas profesiones o tareas del hogar que son más propias de mujeres o de hombres; por ejemplo los hombres son mecánicos, militares, astronautas, las mujeres por su parte prefieren el arte, la medicina.

Mientras cursaba el preuniversitario conocí un amigo excelente. Él era considerado el estudiante más brillante de toda la escuela. Realmente era una persona excepcional, muy inteligente, de conversación variada, culta y simpática. Sería una promesa en cualquiera de las profesiones por la que optase.

Cuando nos llegó el momento decisivo pensé que optaría por Historia del Arte pues habíamos conversado mucho al respecto y conocía su pasión oculta por el arte. Sin embargo, escogió Matemáticas.

Al preguntarle el por qué de su decisión me respondió simplemente: -El arte es para mujeres y afeminados y yo soy un hombre.

Hoy mi amigo es un matemático exitoso pero entre ecuaciones matemáticas y curvas de la normal lee con un extraño brillo en los ojos los éxitos de los artistas modernos.

¿Qué sucedió? La creencia de que pertenecemos a un género que tiene bien delimitados sus límites nos encierra en patrones decisionales estrechos, nos limita nuestras posibilidades de crecer, de ser diferentes. Incluso, nos impide explorar el género opuesto, comprenderlo y relacionarnos mejor con él.

Todas las etiquetas que se han referido son formas de restringir nuestra libertad, nuestra oportunidad de crecer, de desarrollarnos, de valorar nuestra individualidad y de ir más allá de lo que creemos está preestablecido por la genética, el género, la profesión, las posibilidades físicas, las capacidades intelectuales... Construir barreras es muy sencillo, lo verdaderamente complejo es eliminarlas. Gikovate en su libro Hacerse libre expresó que los límites a nuestra libertad los ponemos nosotros mismos y si bien no estoy totalmente de acuerdo con esta idea pues también existen barreras externas, si creo firmemente que las barreras internas son más inexpugnables y nos hacen más daño que cualquier otra.

Debemos encontrar tiempo en nuestra convulsa cotidianidad para reflexionar sobre nosotros mismos, para repensar las etiquetas que usamos para con nosotros y para con los demás. Pensar en la veracidad de las mismas, descubrir su origen y valorar cómo coartan nuestras posibilidades de desarrollo. Debemos imaginar cómo hubiésemos actuado en una situación de no haber tenido esa etiqueta, qué beneficios hubiésemos obtenido, cómo nos hubiésemos sentido y entonces, si vale la pena, asegurarnos de que en el futuro esa etiqueta no interferirá más como una barrera para el crecimiento personal.

CAPÍTULO 5

Historia No. 5: El misterio del elefante encadenado

Un niño asistió a un espectáculo de circo por vez primera, el animal que más le impresionó fue el elefante por su despliegue de fuerza y su tamaño descomunal.

Pero después de la actuación observó que el elefante quedaba sujeto por una cadena sostenida por una pequeña estaca que aprisionaba una de sus patas. La estaca era solo un minúsculo pedazo de madera apenas enterrado unos centímetros en la tierra y aunque la cadena era gruesa y poderosa era obvio que ese animal podría, con facilidad, arrancar la estaca y huir. El misterio para el niño era grande: ¿Qué mantiene sujetado al elefante? ¿Por qué no huye?

Entonces le fue preguntando por el misterio del elefante a todos aquellos adultos que se encontró a su paso. Un maestro le explicó: - "El elefante no huye porque está amaestrado".

- Si está amaestrado entonces no hay necesidad de encadenarlo –. Le respondió el niño con esa lógica implacable, tan exclusiva de los pequeños.

Y así, con el tiempo, el niño fue creciendo y olvidó el misterio del elefante pues nunca encontró una respuesta satisfactoria; hasta que un día creció lo suficiente como para darse cuenta que el elefante del circo no escapaba porque había estado atado a una estaca parecida desde que era muy pequeño.

Cuando era pequeño el elefante de seguro tiró y empujó hasta el cansancio pero no pudo soltarse a pesar de todo su esfuerzo. Al día siguiente volvió a probar, y así un día tras otro hasta que se dio por vencido aceptando su impotencia y resignándose a su suerte. Ahora, el elefante enorme y poderoso no escapa porque cree que "no puede", jamás volvió a probar su fuerza, nunca volvió a poner en duda la potencia de su atadura. [*4]

Los prismas personales en la comprensión de las situaciones

¿Cuántas veces nos ha sucedido lo que al elefante de la historia? ¿Cuántas veces nos hemos dado por vencidos debido a una experiencia anterior fracasada, sin volver a revalorar la situación?

A lo largo de nuestra vida enfrentamos las más disímiles situaciones, en algún momento todas fueron nuevas experiencias que demandaron la activación de nuestros recursos, luego, con el pasar del tiempo algunos hechos vuelven a presentarse y tendemos a responder de la misma forma en que lo hicimos por vez primera. No solemos percatarnos que, aunque la situación pueda parecer igual a las anteriores, nunca será idéntica porque nosotros no somos los mismos, hemos acumulado una experiencia que puede ayudarnos a mejorar esa primera respuesta.

Comprender y valorar una situación, un comportamiento o incluso una simple frase, es un proceso mucho más complejo de lo que la mayoría de las personas puede imaginar ya que existen múltiples factores que interactúan y determinan el significado que se le brinda a una situación y la forma en que se reacciona ante la misma. Cuando nos enfrentamos a un hecho novedoso solemos rememorar los aprendizajes que hemos acumulado durante nuestra vida en aras de darle un sentido a lo que estamos vivenciando, intentamos poner en práctica estrategias de solución que nos han resultado eficaces en algún momento... Así, vamos construyendo un entramado de sentidos añadidos que muchas veces desvirtúan el significado original de la situación y terminamos por resolver un falso problema, creado por nosotros mismos.

¿Cuáles son los principales factores que inciden en cómo valoramos y respondemos ante una situación?

1. Las características de personalidad.

Todos somos diferentes y estas diferencias no vienen dadas solo porque tenemos historias de vida disímiles sino también porque tenemos diversas maneras de enfrentar y comprender las situaciones, lo cual está determinado, en extraordinaria medida, por nuestras características de personalidad.

En nuestra relación con el medio vamos desarrollando determinadas características de personalidad, somos más o menos flexibles, más o menos reflexivos en nuestras decisiones, más o menos extrovertidos, más o menos irritables o sensibles… Cuando enfrentamos una situación no estamos exentos de la incidencia de estas peculiaridades, no podemos eliminar nuestra personalidad, por lo tanto, comprendemos las situaciones a través de la misma.

Por ejemplo, cuando una persona se sitúa inicialmente ante una problemática usualmente se enfrenta a una sola de sus aristas, descubre una de sus caras y aparece casi instantáneamente la impulsividad de respuesta. El controlar los primeros tentativos de solución, analizar cada uno de los detalles de la situación, distanciarse de las problemáticas para vislumbrar otros puntos de vista; son particularidades que dependen en extraordinaria medida de que la persona sea más o menos irritable, más o menos emocional, más o menos flexible... son características de personalidad que ha ido desarrollando en su interacción con el medio.

Esto me recuerda una historia muy ilustrativa:

> Un anciano muy laborioso tenía tres hijos jóvenes a los que despertaba cada madrugada al canto del gallo para que comenzaran el trabajo en el campo. Los jóvenes, extenuados y cansados de levantarse todos los días a hora tan temprana, resolvieron matar el gallo de la casa por ser el causante de su desgracia, puesto que despertaba a su padre antes de que comenzase el día.

> Sin embargo, una vez ejecutado su propósito se encontraron con que, el anciano, no teniendo el gallo que le indicara la hora, los hacía levantar antes para ir al trabajo.

En muchas ocasiones analizamos las situaciones de una manera muy superficial, dejándonos llevar por nuestros primeros impulsos y tomando decisiones que a la larga resultan perjudiciales. El cómo se comprende un hecho depende del cómo seamos nosotros mismos y del cómo estemos acostumbrados a valorar las situaciones cotidianas.

Existen personas que son altamente impulsivas e irritables, estas características temperamentales les facilitará el camino cuando deban tomar decisiones rápidas, que no demanden demasiado razonamiento; sin embargo, pueden convertirse en un impedimento para el análisis de aquellas situaciones que demanden un distanciamiento en el tiempo para poder evaluar otras posibilidades y soluciones.

Las personas que se dejan llevar por las emociones encuentran en la mayoría de las situaciones un ataque personal en tanto se comprometen emocionalmente con las mismas, siéndoles a la vez más difícil poder encontrar aristas diversas para el análisis de las problemáticas.

Aquellas personas que son rígidas en sus criterios y creencias, que consideran que sus opiniones son inamovibles, también tendrán una tendencia a valorar los problemas o situaciones desde perspectivas encerradas y unilaterales. Los cambios serán difíciles de comprender y manifestarán una tendencia a valorar a los otros de la misma forma encerrada en que se manifiestan ellos mismos.

Al contrario, las personas que poseen una elevada autoestima y confían en sus potencialidades normalmente se manifestarán más abiertas ante las situaciones, tendrán una menor tendencia a prejuzgar y esperarán que los acontecimientos le brinden las informaciones que necesitan para formarse sus juicios y tomar las decisiones adecuadas.

Las características de personalidad moldean el cómo nos acercamos a una situación y cómo comprendemos la misma. No obstante, no son inamovibles, sobre todo cuando las conocemos y sabemos cuanto pueden afectar nuestras decisiones.

2. La experiencia anterior.

Mientras vivimos vamos acumulando, atesorando, experiencias de cada uno de los hechos que enfrentamos cotidianamente. Pero, ¿qué significa exactamente la frase: acumular experiencias? La experiencia está contenida y se manifiesta en nuestros estilos de afrontamiento al estrés, en la preferencia y puesta en práctica de una estrategia de solución de conflictos sobre otras, en nuestros hábitos, en la forma de pensar, en nuestros estereotipos, en la forma en que expresamos nuestros sentimientos... La experiencia es la comprensión de las situaciones que hemos vivenciado, el aprendizaje que hemos extraído de cada una de ellas. Esta comprensión puede ser reducida y encerrada o rica y abierta; así puede conducir a un aprendizaje provechoso para la persona o a un enclaustramiento en las formas de vivenciar y comprender su realidad.

Cuando alguien ha sufrido experiencias muy negativas y desagradables, va formándose una visión del mundo negativa; cree que todo es gris, sin posibilidades de cambio y mejoría. Así, extrañamente encontrará oportunidades en cualquier situación pues solo valorará los riesgos y los aspectos dañinos de la misma. La experiencia anterior le ha enseñado a desconfiar, a mantener una actitud de alerta, de sobre aviso y pesimismo. De esta forma, probablemente la mayoría de los hechos que enfrente serán comprendidos como perjudiciales.

La experiencia anterior en ocasiones nos va dotando de patrones de respuestas preconcebidos, de estereotipos. Ante una situación más o menos similar buscamos en nuestro listado de respuestas anteriores y llevamos a la práctica aquella que fue más eficiente en el pasado, sin percatarnos que en la actualidad nos encontramos ante una situación que es particularmente nueva. Nuestros hábitos y estereotipos nos hacen esclavos de la rutina, de un mismo comportamiento que se repite hasta la saciedad y que probablemente no sea el más eficiente ni adecuado.

De esta forma, podemos mantener una relación amorosa por años, aunque realmente el amor se acabó hace bastante tiempo, solo porque tenemos miedo a vivir nuevas experiencias. En otras ocasiones cuando una pareja se separa, aquello que les resulta más insoportable es tener que prescindir de sus viejos hábitos y tener que crear nuevos intereses y formas de hacer y convivir. Resulta que lo que echan de menos no es la otra persona o la pérdida del amor sino la pérdida de las costumbres estructuradas por años.

Así, cuando nos enfrentamos a cualquier hecho llevamos con nosotros toda nuestra experiencia, nuestra forma de valorar y comprender el mundo, brindándole a las situaciones un significado personal añadido, extra; aportado por nuestros miedos, desconfianzas, encierros pero también por nuestras ilusiones, flexibilidad y seguridades.

3.   El conocimiento anterior de los otros.

Cuando enfrentamos las más diversas circunstancias de nuestra cotidianidad normalmente existen otras personas que están más o menos comprometidas en las mismas. El hecho de que conozcamos a estas personas con anterioridad incide de forma diversa en cómo comprendemos la situación, en la actitud que asumamos y en las decisiones que tomemos. De esta forma, cuando nos proponen emprender un negocio no solo valoramos las ventajas económicas que acarreará sino que también evaluamos a la persona que será nuestro socio. Así, por muy ventajosa que sea la oportunidad que nos expresan, en algunas ocasiones ni tan siquiera la tomamos en cuenta pues no confiamos en el otro.

Al relacionarnos con nuestros compañeros de trabajo, con los amigos o con los trabajadores de las oficinas que siempre visitamos… vamos creando una imagen, más o menos verídica, de cómo es ese otro, cómo piensa, cómo se relaciona, cómo se comporta, en fin, cómo es. En correspondencia, también decidimos qué podemos esperar del otro, cuáles son sus límites y cuáles son los términos de la relación en común. Así, portamos esa imagen del otro, con todos sus pros y sus contras, con sus distorsiones y aciertos.

En algunas ocasiones esta imagen nos brinda la posibilidad de comprender la situación en la que estamos inmersos de la manera más cercana a las intenciones del otro; muchas veces no se necesitan ni las palabras para comprenderse pues basta una mirada o un gesto. Al contrario, cuando no poseemos esta imagen pues la persona es poco conocida o totalmente desconocida, las posibilidades de comprender con mayor exactitud sus intenciones y su mensaje pueden minimizarse. Por supuesto, esto no constituye una regla de oro. En algunas ocasiones el conocimiento que tenemos del otro nos conduce a que lo etiquetemos bajo ciertos rótulos y podemos malinterpretar totalmente sus mensajes en tanto los mismos entran en disonancia con la imagen que nos hemos creado. Creemos que esa persona solo tiene una forma de pensar, de actuar, de sentir y valorar y cuando recibimos un mensaje diverso a lo que hemos creído por un buen tiempo, nos resistimos al mismo y lo reinterpretamos: "es imposible que Raúl se preocupe verdaderamente por mi estado de salud cuando él siempre es tan egoísta, de seguro quiere obtener algo de mí". Así, el pretendido "conocer al otro" se convierte en una barrera más que en un facilitador de la comprensión.

De la misma forma, cuando no conocemos al otro y asumimos una actitud confiada y abierta en la relación, esto puede liberarnos de los prejuicios que nos dictan cómo es la otra persona y qué podemos esperar de ella.

Conocer con anterioridad a las personas puede acercarnos a sus intenciones y a sus realidades pero cuando éste conocimiento se convierte en un conjunto de modos preestablecidos de comportarse y pensar que le hacemos endosar rígidamente, solemos alejarnos definitivamente de la posibilidad de establecer relaciones interpersonales constructivas.

4. La situación en sí misma, el cómo se desarrollan las circunstancias, el mensaje extraverbal que envía la otra persona…

Cuando nos enfrentamos a una situación nos llegan múltiples mensajes, muchas veces de manera no consciente pero que desempeñan un papel fundamental en la comprensión de lo que sucede; hasta tal punto que muchos investigadores del ámbito comunicacional confirman que entre un 60 y un 70% de lo que comunicamos lo hacemos mediante los gestos, la postura, la mirada, la apariencia y la expresión.

Estas señales extraverbales nos brindan una imagen más completa de la situación que vivimos y nos pueden indicar si nuestro interlocutor está molesto, satisfecho, reclamante… Por ejemplo, la postura de brazos cruzados a la altura del pecho normalmente transmite la sensación de lejanía en la comunicación, la imposibilidad de negociar o poner en común puntos de vista diferentes; mientras que una posición con el tronco ligeramente inclinado hacia el interlocutor, con los brazos relajados, indica la presencia de intereses comunes, invita al diálogo y a la construcción conjunta.

Mantener la cabeza alta y ligeramente inclinada hacia atrás suele interpretarse como una actitud altanera e incluso puede ser agresiva mientras que llevar la cabeza baja puede significar sumisión, humildad e incluso depresión. Los movimientos continuos con el pie, con la mano o el agitar algún objeto como los lapiceros suelen denotarnos ansiedad por parte de la otra persona o escaso interés por el tema que se debate. Entonces no sería extraño que la otra persona pierda el hilo de la conversación al sentir que no está siendo escuchada e incluso se moleste y finalice drásticamente el mensaje que nos intentaba comunicar.

A su vez, no solo decodificamos las posturas y los movimientos del otro sino también su propio cuerpo, sobre todo los rasgos faciales. Por ejemplo, es bastante común hipotetizar sobre la vida que puede haber llevado una persona en correspondencia con la distribución de sus arrugas faciales y la forma de la boca. Así, encontramos labios que parecen sonreír perennemente mientras existen otros que se pliegan en un rictus de desagrado o de amargura, estos últimos puede indicarnos que la persona ha vivido muchas situaciones estresantes pero también puede apuntar sobre una persona que enfrenta la vida con negatividad. Las arrugas en el entrecejo pueden sugerirnos una persona de elevada curiosidad intelectual pero también una persona perpetuamente molesta e irritable. A su vez, el contorno de las cejas y su nivel contribuye a formarnos ideas diferentes sobre nuestro interlocutor, si se encuentran unidas al centro y son muy pobladas podemos pensar que es una persona poco inteligente mientras que si son finas y levantadas podemos creer que es una persona altanera.

Los ejemplos son múltiples, no se pretende en este capítulo realizar un análisis profundo de la comunicación extraverbal sino contribuir a concientizar el cómo estas señales determinan los análisis que hacemos cotidianamente y los correspondientes comportamientos que asumimos.

Podría decirse que cada uno de nosotros es un descifrador excelente de señales extraverbales, es un proceso que la mayoría de las veces se realiza de manera automática, semiconsciente pero que influye extraordinariamente en nuestra comprensión de los hechos y por ende en nuestras respuestas ante los mismos. Cuando percibimos que alguien presenta una actitud cerrada a la discusión, al diálogo constructivo; probablemente nos cerraremos también nosotros. Interpretamos las señales de las otras personas y les brindamos un sentido más o menos lógico y en consonancia con el mismo, emitimos a su vez ciertas señales que pueden facilitar la situación o conducirla a un callejón sin salida.

De esta manera se podrían enumerar más elementos que inciden de una u otra forma en el análisis de las situaciones, no obstante, considero más provechoso centrarnos en cómo nosotros mismos echamos por la borda muchas oportunidades a partir de asumir decisiones inadecuadas.

Decálogo de errores usuales en la toma de decisiones

Algunas decisiones tienen poca trascendencia y se adoptan sin necesidad de grandes reflexiones por parte de la persona, no necesitan analizarse profundamente y al no implicar grandes riesgos pueden tomarse con mayor rapidez y menos precisión. Otras por el contrario son trascendentales, pues afectan o benefician en menor o mayor grado nuestra vida futura, sus consecuencias son esenciales para nuestro desarrollo por lo cual reflexionar sobre el proceso que está en la base de la toma de decisiones no resulta una tarea inútil.

Haremos referencia a qué actitudes y pensamientos no se deben asumir para tomar buenas decisiones. Nos aventuraremos a dibujar algunos de los errores y las creencias negativas más frecuentes en la toma de decisiones.

1. Nos engañamos proponiéndonos objetivos falsos.

La persona que toma una decisión quiere lograr algo y escoge para esto, una cierta manera de actuar, que considera le ayudará a alcanzar los objetivos que persigue. Sin embargo, en ocasiones cuando tomamos una decisión, aunque parezca un contrasentido o algo improbable, no sabemos a ciencia cierta qué deseamos lograr. A veces tomamos decisiones que no nos conducen a ninguna parte porque nosotros mismos no tenemos bien definido a dónde queremos llegar.

Nos engañamos con falsos objetivos, como cuando un joven inicia una carrera para darles satisfacción a los padres y resulta que al terminar la misma

101

no aprendió mucho porque todos esos años los dedicó a cualquier actividad, excepto a prestarle atención a los estudios. En muchas ocasiones para estar en sintonía con el mundo asumimos objetivos que no son nuestros y a la larga el inconsciente nos juega malas pasadas priorizando aquellas actividades que realmente nos son placenteras y relegando a un tercer o cuarto plano aquellas tareas que incumben a ese objetivo ajeno. Después de un tiempo nos preguntamos asombrados por qué no logramos eso que tanto deseábamos. ¿Realmente lo deseábamos?

2.   No formulamos el problema real que debemos enfrentar.

Quizás podamos preguntarnos: ¿Cómo alguien no puede darse cuenta de cuál es su problema? Podríamos llevarnos una sorpresa si rememoramos aquellos momentos en los cuales nuestros amigos nos han pedido consejo. ¿En cuantas ocasiones ellos nos han presentado una problemática perfectamente elaborada y creíble pero para nosotros resulta muy evidente que el verdadero problema permanece escondido, irreconocible o quizás reprimido en lo obscuro del inconsciente, ese al cual echamos todas las culpas que no son nuestras pero tampoco podemos achacárselas a los demás?

Normalmente los problemas esenciales de la vida no son fáciles de discernir y clarificar. Es mucho más sencillo delimitar las problemáticas de los otros, vislumbrar su naturaleza e incluso llegar a una posible solución que detectar la esencia de nuestros propios conflictos. Es simple preguntarse: ¿compro esta marca de agua o esta otra? ¿Mando a mi hijo a esta escuela o a esta otra? Pero es mucho más complicado tener el coraje de preguntarse: ¿es la rutina que afecta mi matrimonio o es ya no amo más a mi pareja? Los problemas esenciales nos tocan muy profundo emocionalmente, por eso es difícil llegar a plantearse las preguntas exactas y muchas veces preferimos ir por las ramas. Por supuesto, no llegamos a ninguna parte, tarde o temprano cualquier rama se romperá y caeremos con ella.

3. No analizamos las causas verdaderas de las situaciones.

Por supuesto, si tememos a una simple pregunta, es más complicado aún buscar las causas de las problemáticas. No somos capaces de buscar las causas esencialmente porque, o les tememos o nos dedicamos a buscar culpables.

Resulta más sencillo decir que la rutina terminó con nuestro matrimonio que reconocer que terminó nuestro amor por la otra persona a causa de que nosotros mismos cambiamos y nos volvimos más exigentes. Es más fácil decir que el cónyuge fue el culpable porque dejó de tener atenciones y detalles hacia nosotros o porque trabajaba mucho, que reconocer que nosotros no supimos mantener una comunicación adecuada que fuera capaz de detener a tiempo este proceso de descuido mutuo.

A la vez, usualmente, cuando intentamos buscar las causas nos centramos demasiado en las repercusiones emocionales del problema, en el cómo nos sentimos y esto nos impide valorar con mayor objetividad las diversas aristas de la situación.

Sin duda alguna esta peculiar manera de buscar las causas es muy cómoda para cada uno de nosotros pero nos conducirá irremediablemente a cometer los mismos errores en tanto no somos capaces de reconocer nuestras responsabilidades y faltas.

4.   El problema se convierte en una situación que navega suspendida en la estratósfera.

¿Qué quiere decir esto? Muchas veces asumimos nuestros problemas como aislados de la realidad. No somos capaces de analizarlo en sus múltiples conexiones y por lo tanto no arribamos a vislumbrar sus diversas determinantes.

Continuando con el ejemplo de la separación conyugal, normalmente la causa de un problema complejo no es única. Existe un entramado de situaciones asociadas que no pueden desatenderse pues han construido el camino hasta el punto donde nos encontramos. Así, cuando enfrentamos una separación no basta con explicarnos que nuestra pareja ha dejado de ser atento y cariñoso, no basta con decirnos que no fuimos suficientemente comunicativos, siempre existen otros determinantes que desatendemos.

Estos determinantes en muchas ocasiones constituyen un verdadero entramado de errores o malas decisiones que al unirse constituyen un fardo bien difícil de cargar. Es importantísimo hallar esas pequeñas causas para comprender la problemática en todas sus dimensiones o simplemente para no volver a errar de la misma forma.

5.   Poseemos tamices estrechos que conducen a la unilateralidad en la búsqueda de soluciones y alternativas.

Normalmente no pensamos en la cantidad de posibles alternativas que desechamos cuando enfrentamos una situación. Varios son los tamices decantadores por los que pasan las ideas antes de llegar a concretarse en una solución medianamente aceptable como para ser considerada por nosotros.

Uno de los primeros tamices existentes por los cuales pasan las ideas cuando aún no son ni siquiera alternativas potenciales, son los marcadores somáticos descritos por Damasio. Los marcadores somáticos son dispositivos generados a partir de las emociones vividas por las personas a lo largo de su vida, que le permiten predecir los resultados posibles de determinadas opciones.

Cuando debemos enfrentar un proceso de toma de decisión aparecen numerosas opciones, de manera involuntaria y casi inmediatamente, surgen representaciones momentáneas de las consecuencias que tendría tomar esa decisión. Estas representaciones en forma de imágenes nos presentan los elementos anticipados de nuestra reacción emocional; si ésta anticipación es negativa, dolorosa, probablemente, será una opción que no valoraremos.

Una vez superada esta primera barrera falta aún sobrepasar la impulsividad en la formulación de los juicios valorativos que hacemos. Si nuestra pareja no nos llamó en todo el día, probablemente el primer impulso será pensar que no somos suficientemente importantes o que no nos ama con la misma intensidad con que lo amamos nosotros mismos.

Luego, se interponen nuestros estereotipos, "no puedo siquiera pensar en esa alternativa, ¿qué dirán los demás de mi?", "es inconcebible, yo no soy la clase de persona que hace esas cosas"… Nuestros estereotipos acerca de quién somos y cómo nos ven los demás restringen la posibilidad de ampliar el círculo de alternativas.

De esta manera, cada frase que nos diga interiormente: "no, es imposible", es generalmente un tamiz que nos impide valorar alternativas diversas y más creativas, opciones que pueden ser incorrectas pero que también nos pueden ayudar a crecer como personas.

6.   Selección de la alternativa menos adecuada.

Los motivos para escoger una alternativa sobre otras posibilidades son bien diversos y usualmente bastante infantiles o pueriles, algunos ejemplos de respuestas ante la pregunta: ¿por qué optaste por esa solución?

"Me agrada esa solución", traducción: simplemente se sentía atraído por la posibilidad de poner en práctica la solución, no importa si es la más adecuada.

"Es lo que conviene en estas circunstancias", traducción: la solución es adecuada al momento pero no expresa el sentir de la persona e incluso puede no estar de acuerdo con la salida que pondrá en práctica. No se compromete con la solución.

"Los demás me ayudarán a llevarla a cabo", traducción: los otros van a hacer por mí el trabajo más duro: llevarla a la práctica. Con un poco de suerte tampoco le tocará su cuota de responsabilidad si los resultados no son los esperados.

"Es la única solución", traducción: probablemente es una persona poco flexible que se siente presionada ante la necesidad de tomar la decisión por lo cual se escuda ante esta frase para no valorar otras opciones posibles.

"Se me ocurrió a mí", traducción: tiene una autoestima tan elevada que no ha pensado en otras soluciones potenciales, solo sus ideas son dignas de ser repensadas.

"Es la mejor solución aunque no pueda llevarse a cabo", ¡cuidado! No puede ser la mejor solución si es inaplicable. Traducción: la persona realmente no desea solucionar la problemática, está posponiéndola pero a la vez se lava las manos pues ya ha encontrado una alternativa inmejorable. No vale la pena esforzarse más.

7.   No se materializa la solución, se pospone al infinito.

En muchas ocasiones las personas encuentran excelentes soluciones, alternativas casi dignas de un Premio Nobel pero su puesta en práctica se pospone en el tiempo, tanto es así que llega un momento en que la alternativa se hace obsoleta e inaplicable.

¿Cuántas veces hemos escuchado a una amiga que nos dice: "la solución a mi problema la conozco: el divorcio"? Nos brinda tantas explicaciones lógicas y parece extremadamente segura de su decisión pero al cabo del año cuando la volvemos a ver resulta que continua casada, con las mismas problemáticas y otras tantas añadidas.

Cuando encontramos la solución a un problema que nos viene atormentando desde hace tiempo todos hemos experimentado esa sensación de alivio, de relajación mental. La búsqueda ha terminado, el esfuerzo mental por comprender y solucionar se ha completado pero… ¡cuidado! La situación debe resolverse pues esa alternativa que tanto nos ha complacido puede caducar en el tiempo precisamente como caduca un vaso de yogurt.

8. Se desea estar 100% seguro.

El hecho de escoger una alternativa entre todas las posibles produce un cierto grado de incertidumbre o ansiedad, asociada al hecho de que la persona no tiene una noción precisa acerca de cuáles pueden ser los resultados derivados de la acción elegida. En el futuro pueden aparecer nuevas informaciones que arrojen una luz diferente sobre la problemática, puede surgir una idea mejor e incluso puede que alguien resuelva la situación por nosotros…

¡Sí!, todo esto puede suceder pero lo cierto es que no sabemos exactamente cuándo puede ocurrir y mientras tanto nos hacemos daño con la postergación.

Si alguien espera a estar 100% seguro acerca de una decisión probablemente no la tome jamás porque la certidumbre es casi una utopía que se plantean aquellos que prefieren inmovilizarse.

9. Patrones autoimpuestos que indican las vías adecuadas de solucionar las situaciones.

Muchas personas a lo largo de su vida van desarrollando una manera de enfrentar las más disímiles situaciones. No se trata solo de un estilo de afrontamiento sino de la creencia de que existe solo una manera de realizar las cosas.

Entonces encontramos la frase: "Si no se hace de manera perfecta no tiene sentido hacerlo". La tendencia al perfeccionismo que en ocasiones colinda con una verdadera atelofobia (miedo a la imperfección), nos inmoviliza la creatividad para buscar soluciones y encierra definitivamente la puesta en práctica de aquellas alternativas que no se acerquen a la perfección. Porque, obviamente, cuando nos enfrentamos a una situación estresante que nos implica emocionalmente, no siempre somos capaces de encontrar la "mejor" solución.

10. Somos incapaces de lidiar efectivamente con múltiples problemáticas.

Cuando cursábamos la escuela y nos enfrentábamos ante una prueba casi siempre utilizábamos un método infalible: resolvíamos uno por uno todos los problemas. Sin embargo, la vida no resulta una prueba escolar, en nuestra cotidianidad se nos presentan varias problemáticas complejas al mismo tiempo y nosotros pretendemos resolverlas al unísono, de una vez y por todas.

El problema radica en que para resolver los conflictos de la vida cotidiana necesitamos tiempo para buscar información, pensar, conversar con los otros… Caso contrario, aparecen las decisiones precipitadas o el intento de solucionar varias problemáticas a la vez, sin llegar a la esencia de ninguna, por lo tanto, se arriba a soluciones superficiales y los conflictos reaparecen, usualmente con más fuerza.

En muy pocas ocasiones somos capaces de determinar nuestras prioridades y seguir un plan coherente para secundarlas; no somos capaces de delimitar cuáles son las problemáticas más acuciantes que demandan nuestra atención en el aquí y ahora y cuáles pueden ser aplazadas. De esta manera, nos encontramos con un embrollo de problemas que se van "mal resolviendo", casi por casualidad.

En sentido general, este decálogo es un intento de concientizar aquellos errores que cometemos en la toma de decisiones; errores que se han hecho habituales y en muchas ocasiones forman parte de nuestra forma característica de resolver las problemáticas por lo cual normalmente pasan inadvertidos, llevándonos a asumir soluciones inadecuadas o erradas.

Tengamos en cuenta que tomar las decisiones precisas en los momentos adecuados llega a ser un arte, bien difícil de aprender pero no imposible.

CAPÍTULO 6

Historia No. 6: La vaca

Mientras un maestro y su discípulo caminaban por la pradera divisaron una vivienda extremadamente precaria, un hombre estaba sentado en el pórtico. Inmediatamente el maestro entabló conversación con el dueño de la casa conociendo que era un padre de familia numerosa y que se sustentaban a duras penas con el queso y la leche que les proveía su única propiedad: una vaca.

Al dejar al hombre y continuar su camino, el maestro encuentra la vaca cerca de un precipicio y la empuja hacia el vacío. Instantáneamente el discípulo asombrado pregunta: ¿Qué has hecho, gran maestro? Has matado el único sustento de la familia.

Pero el maestro no responde y continúa su camino.

Al pasar el tiempo, regresan a la misma pradera y encuentran en el lugar donde estaba la casa precaria, un hogar donde se observaba la abundancia. Al acercarse hallan al padre de familia con un rostro visiblemente alegre. El discípulo asombrado le pregunta: -¿Cómo has hecho para obtener tanta abundancia?

-Muy sencillo- responde el hombre- El día que ustedes estuvieron aquí la vaca se cayó al precipicio, pasamos unos días pésimos hasta que la familia entera se vio en la necesidad de cultivar la tierra y criar otros animales.

El maestro miró al discípulo y sonrió. [*5]

¿Cómo enfrentamos las situaciones estresantes?

Desde el momento en que leí esta historia me llamó intensamente la atención por su poder explicativo. Desde entonces la narro siempre que puedo, con las consabidas licencias literarias que produce el olvido de las frases exactas.

Vivir presupone enfrentar periodos difíciles, situaciones altamente estresantes que a la vez pueden contener diversas oportunidades para lograr el crecimiento personal. Sin embargo, la posibilidad de crecer ante la adversidad depende en extraordinaria medida de las estrategias de afrontamiento que asumamos ante un evento.

La vaca de la historia puede identificarse con la pérdida de la salud, la partida de un ser querido, la discusión que dejó un sabor amargo, la mala racha en el trabajo… el cómo se enfrentan estas situaciones varía de una persona a otra, de una situación a otra e incluso de los momentos específicos de la vida en que sucedan los hechos. No obstante, independientemente de esta variedad, cada persona desarrolla una forma peculiar de afrontamiento que determina un beneficio o un perjuicio extra, no incluido en la situación.

De modo general el afrontamiento es un proceso donde la persona pone en práctica, de manera más o menos consciente, todos aquellos recursos psicológicos que están a su alcance para manejar de la mejor manera posible situaciones que le son altamente significativas y particularmente difíciles. El afrontamiento se refiere a todos los planes de acción, comportamientos, pensamientos, emociones… que habilitan las personas para tratar con hechos que afectan su equilibrio, ya sea físico o psíquico. Esta activación de los procesos psicológicos se dirige esencialmente a controlar, minimizar o tolerar aquellos cambios que se consideran de valencia negativa.

No obstante, la forma de afrontar las más diversas situaciones normalmente no transcurre como un proceso caótico o azaroso sino que presenta una organización, un sentido, una coherencia y una estructuración que algunas veces puede hacernos recordar una táctica militar exquisitamente detallada y eficaz o en otras ocasiones puede semejarse a un razonamiento infantil que podría resultar un poco inconexo o inefectivo.

Las estrategias de afrontamiento serían aquellas tácticas que usamos para reducir al mínimo posible el impacto negativo de las situaciones que enfrentamos. Aunque, la posibilidad real de minimizar los perjuicios no es un presupuesto, no debe asumirse como un resultado descontado pues estas estrategias pueden ser más o menos eficaces, pueden promover el crecimiento personal o por el contrario pueden favorecer el desarrollo de patologías a nivel psicológico o fisiológico.

A lo largo de la vida, las personas desarrollan una preferencia por determinadas estrategias en detrimento de otras; los motivos de elección son muy variados: en algunas ocasiones la estrategia simplemente se ha convertido en un hábito, otras veces las personas consideran que algunas estrategias son más eficaces, que se avienen mejor con su carácter y su forma de ser o simplemente son reacios al cambio y a valorar las cosas desde perspectivas diferentes y prefieren mantener patrones de respuesta ya conocidos. Así, van conformando un estilo de afrontamiento que los caracteriza, aquel que nos permite prever la reacción de "fulanito" o "menganito" ante tal o cual situación. Por supuesto, el estilo de afrontamiento se relaciona con las características de personalidad de cada persona. Normalmente si una persona es extrovertida, con una elevada autoestima y tiene confianza en sí misma, desarrollará un estilo activo de afrontamiento; al contrario, si una persona es introvertida, no posee una elevada autoestima y no tiene confianza en sí misma, puede desarrollar un estilo pasivo de afrontamiento a las situaciones. Por supuesto, esto no debe considerarse como una regla inamovible sino como una generalidad, a su vez, el hecho de que una persona posea un estilo activo de afrontamiento no excluye que en determinadas situaciones implemente estrategias pasivas y viceversa.

El estilo activo y pasivo serían los dos grandes y clásicos estilos de afrontamiento usualmente contrapuestos como contrarios, no obstante, en la actualidad se hace referencia a la existencia de otras formas de afrontar las situaciones. ¿Cuál es nuestro estilo preponderante? Hagamos una excepción en el estilo del libro para descubrir el estilo de afrontamiento personal.

Lea atentamente los enunciados que se le brindan a continuación y otórguele a cada uno de ellos un número según se corresponda con su forma de pensar o actuar. Puede que nunca se halla encontrado en una situación similar, en ese caso, imagine qué haría.

1 Nunca 2 Casi nunca 3 Algunas veces 4 Casi siempre 5 Siempre

Tenga en cuenta que si otorga el número 1 significa que Ud. nunca ha hecho ni haría una cosa semejante; al contrario, si otorga el número 5 significa que Ud. siempre ha hecho o haría las cosas de ese modo.

1. Ha encontrado un sitio para aparcar pero al comenzar a hacerlo otro auto intenta parquear en el mismo lugar. Ud. inmediatamente apresura la maniobra. 1   2   3   4   5

2. Está esperando su turno para ser atendido en una oficina pública mientras una persona intenta colarse. Ud. se indigna pero decide no hacer ni decir nada. 1   2   3   4   5

3. Le han dicho que un compañero de trabajo lo está buscando para pedirle que le cambie el turno. Ud. lo intenta esquivar todo el día para evitar decirle que no. 1   2   3   4   5

4. Ha tenido una fuerte discusión en el trabajo. En vez de continuar pensando en la misma, se vuelve más creativo en su trabajo. 1   2   3   4   5

5. Le ha prestado un CD a un amigo y éste se lo devuelve en mal estado. Ud. se molesta pero no le dice nada y cuando le pide otro, vuelve a prestárselo. 1   2   3   4   5

6. En un restaurante ha pedido un bistec bien cocinado pero el que le traen es poco cocido. Rápidamente llama al camarero y le exige que le traiga el bistec tal y como lo pidió. 1   2   3   4   5

7. En el cine una persona comienza a fumar a su lado. Aunque es un área de no fumadores, Ud. se levanta y se cambia de asiento para evitar el humo.   1   2   3   4   5

8. Está pasando por una crisis con su pareja. Ud. decide ir a casa de los amigos para contarles sus penas.   1   2   3   4   5

9. Le invitan a una cena a la que asistirá una persona con la cual ha discutido recientemente. Ud. decide no asistir para no encontrarse con ella.   1   2   3   4   5

10. Su pareja ha programado sin consultarle una cena con unas personas que a Ud. le parecen extremadamente aburridas. Decide hacer yoga,

ejercicios o escuchar música para poder enfrentar con nuevas fuerzas la velada que se avecina.   1   2   3   4   5

11. Su compañero de trabajo ha dicho algo que le ha molestado. Ud. piensa que no tiene la razón y en la primera oportunidad se lo dice. 1   2   3   4   5

12. Constata que la factura que le presentan en el restaurante no se corresponde con los precios de la carta. Si la diferencia no es mucha Ud. paga y se va sin decir nada. 1   2   3   4   5

Cada ítem corresponde a diferentes estilos de afrontamiento. Sume los puntos obtenidos en los diversos ítems teniendo en cuenta que:

Estilo de **afrontamiento activo** está representado en los ítems: 1, 6 y 11.

El estilo de **afrontamiento pasivo** está representado en los ítems: 2, 5 y 12.

El estilo de **afrontamiento de escape-evitación** está representado en los ítems: 3, 7 y 9.

El estilo de **afrontamiento catártico** está representado en los ítems: 4, 8 y 10.

Cada estilo puede obtener un máximo de 15 puntos. Aquel estilo que obtenga un mayor puntaje (superior a 11) será el más utilizado, si al contrario, se obtienen   puntuaciones medias (alrededor de los 6, 7 y 8 puntos) en cada uno de los estilos significa que tenemos un estilo asertivo.

¿Qué significa exactamente que tenemos un estilo de afrontamiento activo o evitativo? ¿Cuáles son las repercusiones personales de expresar un estilo en detrimento de otros? Reflexionemos sobre cada uno de estos estilos.

El estilo de afrontamiento activo se enfoca en producir un cambio mediante la incidencia consciente de la persona. Bajo esta categoría se encuentra una amplia gama de estrategias de afrontamiento, encierra tanto la incidencia directa de la persona sobre la situación problemática hasta el cambio en la perspectiva personal, variando la forma en que se comprenden los hechos.

En esta diversidad hallamos personas que presentan una tendencia a incidir conscientemente sobre la problemática, alterando los hechos en sí mismos; sería un estilo de afrontamiento más agresivo, focalizado en la varianza del medio y en ejercer el mayor control posible sobre el mismo. No obstante, hay personas que asumen un estilo mucho más agresivo, que se guían por las primeras impresiones y casi arremeten contra todo lo que consideren sea un obstáculo. Existen otras personas que aunque utilicen el mismo estilo son más reflexivas y buscan continuamente nueva información del medio en aras de hacer más consistente y eficaz su acción.

A la vez, existen ocasiones en las cuales es imposible cambiar la situación problémica en sí misma, entonces se desarrollan estrategias basadas en el cambio personal que también pueden considerarse como parte de un estilo de afrontamiento activo. Pueden enumerarse aquellas dirigidas a la regulación de las emociones y los pensamientos, al control de los sentimientos y las ideas rumiativas o a la construcción de emociones e ideas positivas en relación con las potencialidades que puede entrañar las situación. Se produce un cambio de perspectiva, la reestructuración de los planes.

El estilo de afrontamiento activo tiene resultados favorables a corto plazo, ha estado asociado a un aumento de la inmunidad, a un mayor bienestar personal y a la prevalencia de estados afectivos positivos. Sin embargo, su utilización mantenida convirtiéndolo en un estilo estable de comportamiento tiene efectos negativos sobre la salud, sobre todo si se utiliza para enfrentar situaciones que son potencialmente incontrolables. Si la persona no es capaz de determinar qué tipo de afrontamiento es más adecuado utilizar según el momento y las particularidades de la situación en la que está inmerso e implementa indiscriminadamente un estilo activo-agresivo puede aumentar el riesgo de sufrir estados de hipertensión arterial, accidentes cerebrovasculares e infartos cardiovasculares.

Prácticamente en el extremo opuesto de esta forma de afrontamiento, puede hallarse el estilo de afrontamiento pasivo: ante la situación estresante la persona opta por ceder el control a los otros, que no necesariamente son los más capacitados para solucionar la problemática. La persona usualmente muestra al exterior una completa desconexión emocional para con la situación, aparentemente no le interesa que le dañen sus pertenencias o que socaven sus derechos, no obstante la realidad es bien diferente. Son personas que optan por reprimir sus sentimientos, no expresan sus ideas o puntos de vista y no intentan incidir en forma alguna sobre la situación. Son personas que dejan actuar a los otros sin interponerse en sus ideas o acciones, se dejan llevar por el curso de los acontecimientos aunque no estén de acuerdo con el matiz que adquieren los mismos.

Este estilo de afrontamiento suele ser uno de los más dañinos y provoca un elevado número de somatizaciones ya que usualmente las situaciones permanecen irresueltas y por lo tanto la persona debe enfrentarse a las mismas una y otra vez, reprimiendo constantemente sus sentimientos. Se ha relacionado con el aumento del dolor, el desarrollo de altos niveles de depresión y un mayor deterioro funcional de las personas.

El estilo de escape-evitación puede resultar bastante similar al estilo pasivo sin embargo existe una diferencia esencial: las personas experimentan de manera diferente la situación y su grado de control en la misma. Las personas de estilo pasivo enfrentan la situación haciendo dejación de su control y sufren por su "imposibilidad" para actuar y variar los hechos; las personas de estilo evitativo enfrentan las situaciones no enfrentándolas, minimizándolas, postergándolas pero no sufren de la falta de control o de la sensación de "imposibilidad" para actuar pues están seguros que una vez que ellos lo decidan o sea inevitable, pueden enfrentar la problemática de una manera diferente, pueden tomar el control, aunque esta creencia puede no ser totalmente cierta.

El estilo de escape-evitación es la postergación de la solución de la situación estresante. El enfrentamiento se evita debido a las más disímiles causas o explicaciones: la persona cree que no es el momento adecuado o que necesita reflexionar más al respecto o simplemente funciona con la creencia de que todo se solucionará por sí solo, la frase: "el tiempo lo cura todo", parece inventada para ilustrar este estilo.

En algunas ocasiones puede resultar un estilo muy eficaz, sobre todo cuando en un primer momento nos sentimos demasiado tomados emocionalmente y no somos capaces de valorar adecuadamente las diversas perspectivas que pueden existir. Aunque regularmente la evitación genera más contras que pros pues su utilización indiscriminada nos crea un fardo donde acumulamos todo lo que creemos que puede ser postergado, entonces cuando los problemas no son del tipo "que se solucionan por su propio peso", nos encontramos con situaciones que pueden escaparse de nuestro control. Las personas evitadoras pretenden que el problema desaparezca por arte de magia en tanto no intentan variar las condiciones de la problemática ni se centran en cambiar la perspectiva personal, el sentir y el pensar; por lo tanto, si el problema no desaparece o se minimiza por sí mismo este estilo puede favorecer la aparición de estados afectivos negativos como la depresión y la ansiedad. La evitación a la larga solo crea sentimientos de desesperanza, una profunda falta de confianza en sí mismo y rumiaciones constantes acerca de la necesidad de afrontar las problemáticas que tenemos en el fardo.

El estilo catártico, de reciente incorporación, puede encontrarse con varias denominaciones y englobando múltiples estrategias de afrontamiento. Este estilo hace referencia al enfrentamiento de las situaciones a partir de la comunicación con los otros, ya sea de manera verbal o a través de cualquier vía artística y creativa; es la expresión de los sentimientos y los estados emocionales intensos como vía fundamental para afrontar las situaciones particularmente difíciles.

Cuando comunicamos nuestras preocupaciones a otras personas se reducen las probabilidades de que se produzcan rumiaciones y de que aparezca un incremento en la actividad fisiológica. Por supuesto, hablar con los otros no tiene ningún efecto mágico ni la explicación se encuentra en nuestro obscuro inconsciente sino que simplemente, favorece el afrontamiento de maneras diversas haciéndonos comprender las perspectivas de los otros. Comunicar nuestras ideas y sentimientos nos hace ver nuevos puntos de vista, nos facilita información diversa, nos hace repensar sobre la efectividad de nuestras soluciones y sobre todo, nos brinda la sensación de apoyo, la empatía. Dialogar sobre nuestros problemas se convierte en un mecanismo que ralentiza las reacciones impulsivas y agresivas, disminuyendo los sentimientos de ira y desasosiego.

Una acción terapéutica bastante similar se puede obtener a partir de la creación como una vía para comunicar los sentimientos. Mientras la persona crea algo, está liberando sus emociones, logra difuminar las sensaciones de malestar y evita las rumiaciones.

Debe aclararse que ningún estilo por sí mismo y valorado de manera aislada es más efectivo que otro. Por ejemplo, el estilo evitativo es útil en aquellos sucesos que resultan amenazantes a corto plazo, mientras que el estilo activo es más efectivo cuando debemos enfrentar situaciones que se repiten a lo largo del tiempo. Así, el estilo evitativo puede ser útil cuando no deseamos arreglar el jardín pero es bastante ineficaz cuando debemos solucionar un hecho de tensión laboral o situaciones de vida complicadas.

De esta manera, lo más adecuado sería la utilización de estrategias múltiples o el desarrollo de un estilo asertivo. La mayor parte de las situaciones altamente estresantes contienen una serie de problemas de naturaleza diferente que requieren estrategias de afrontamiento diversas. Por ejemplo, una persona que inicia un proceso de divorcio no solo debe afrontar la pérdida sentimental que implica la separación del cónyuge sino también los problemas financieros que pueden aparecer, el cambio de vivienda, la custodia de los hijos, la variación en el estilo de vida... En estos casos será necesario asumir diversas formas de afrontamiento según la situación particular que se desee resolver.

Existe una multiplicidad inimaginable de estrategias de afrontamiento, prácticamente cada autor ha creado estrategias propias dándoles denominaciones diversas, pero más allá de esta variedad, retomaremos algunas estrategias sencillas, aquellas que son más utilizadas para enfrentar las más diversas situaciones estresantes:

- La minimización: se intenta disminuir el impacto emocional de la situación minimizando la importancia de los hechos y su significación personal.
- El distanciamiento: se intenta pensar y analizar la situación como si le sucediera a otro, desligándose emocionalmente de la misma. Se toma distancia y se centra en los aspectos eminentemente racionales, abogando por la mayor objetividad posible.
- La atención selectiva: se centra en aquellas peculiaridades de la situación que resultan más interesantes desdeñando el resto de las informaciones que no se avienen con la imagen del hecho. La focalización puede realizarse en los aspectos positivos de la situación o en los negativos, según las intenciones de la persona y la conveniencia que encuentre en unos u otros.
- La extracción de valores positivos a los eventos negativos: se intenta extraer aquellas peculiaridades positivas de la situación. Estrechamente relacionada con la reinterpretación positiva en la cual la persona conoce a fondo las características de su problemática y se centra en los

aspectos positivos de la misma. Se ha relacionado con la recuperación positiva de las enfermedades y con el aumento de la inmunidad.

- La distorsión de la realidad: es un tipo de afrontamiento utilizado para mantener la esperanza y el optimismo negando los sucesos y la implicación que estos poseen, minimizando su importancia. Esta estrategia generalmente conduce a niveles altos de inhabilidad social y niveles bajos de salud mental y calidad de vida.

- Búsqueda de apoyo social: conversar la problemática, buscar nuevas informaciones. Hallar apoyo emocional y comprensión en los otros, sustento moral para enfrentar la situación.

La puesta en práctica de una estrategia u otra no puede depender de la impulsividad o el desconocimiento de nuestras potencialidades sino que debe estar sujeta, cada vez más, al análisis que se realice de la situación y de lo que es más aconsejable realizar en ese momento preciso. Por ejemplo, minimizar el impacto emocional de una situación es una estrategia aconsejable cuando perdemos un ser querido, cuando no tenemos el poder para variar la situación estresante. El distanciamiento es una estrategia útil cuando debemos tomar decisiones importantes de nuestra vida, aquellas que decidirán nuestro futuro pero no es altamente eficaz para solucionar las pequeñas problemáticas diarias en tanto enlentece nuestro tiempo de respuesta, postergando una toma de decisión que debe ser inmediata. La extracción de valores positivos resulta una estrategia recomendada cuando no podemos variar la situación estresante en tanto nos ayuda a comprenderla desde una perspectiva positiva e incluso a extraer provecho de la misma.

Así, cuando debemos enfrentar una situación altamente estresante, antes de asumir una estrategia de afrontamiento, es vital realizarse algunos cuestionamientos, concientizar algunos detalles. Debemos evitar por todos los medios asumir un estilo de afrontamiento que nos domine. Me permito entonces contar una historia, ejemplo a no seguir.

En una oportunidad conocí una persona aparentemente muy inteligente y equilibrada psicológicamente.

Tuvo que abandonar un trabajo que le agradaba y donde tenía posibilidades de desarrollo profesional porque era muy estresante, tenía muchas responsabilidades y tareas que enfrentar y pocos recursos para llevarlas a cabo. ¡Qué lástima! Pero a cualquiera le puede suceder una cosa similar. Existen tantos puestos de trabajo que son agobiantes.

Luego me contó que dejó su ciudad, familia y amigos para transferirse a una ciudad más pequeña porque el sitio donde vivía era demasiado estresante, con un tráfico loco y horas de espera ante el volante, personas que corren de un lado a otro con los rostros tensos. "Terminas por estresarte tú también". Una vez más: ¡Qué lástima! Realmente no es bello ver cada día a tu alrededor los rostros tensionados de cientos de personas.

Aún con estos cambios se sentía estresado y decidió tomar unas vacaciones de su nuevo trabajo.

Con el tiempo tuve la oportunidad de conocer más profundamente a esta persona: si se sentaba frente al ordenador y una aplicación informática no respondía con la acostumbrada velocidad, se ponía tenso; si los amigos lo invitaban a cenar, se sentía nervioso…

Esta persona simplemente llevaba el estrés dondequiera que fuese pues no sabía responder de forma asertiva ante las diversas situaciones.

Cualquiera de nosotros, como la persona de la historia, puede asumir estilos de afrontamiento inadecuados, lo importante es percatarse de su existencia y de su ineficacia. Escapar no es una solución pues nunca podemos escapar de nosotros mismos y simplemente, nos llevaremos el estrés dondequiera que vayamos. Situaciones molestas y estresantes siempre van a existir. Enfrentaremos un trabajo que no es el idóneo, nos relacionaremos con personas tensas, algunas cosas en la relación de pareja no marcharán perfectamente… pero huir nunca es la respuesta porque el verdadero problema no está en las situaciones sino la forma en que las situaciones nos afectan a cada uno de nosotros y la manera en la cual nos afecta es solamente una situación personal.

Cuando nos vemos inmersos en una situación que nos resulta estresante debemos tener presente que:

1. La situación en sí misma normalmente no trae aparejado el estrés. La mayoría de las situaciones que enfrentamos en nuestra cotidianidad son estresantes porque nosotros mismos las consideramos como tales, porque le brindamos un sentido negativo en relación con el grado de afectación personal que percibamos y porque no tenemos recursos para enfrentarla sin alterar nuestro equilibrio psicológico.
2. En la mayoría de los casos podemos ejercer un control muy escaso sobre las situaciones estresantes que nos ocurren por lo cual, las estrategias más eficaces serían aquellas enfocadas al cambio de

perspectiva personal; sin embargo, resultan ser las que menos se tienen en cuenta.

Así, antes de asumir una u otra estrategia, es vital preguntarnos: ¿Cómo se produjo la situación? ¿Cuáles son sus causas? ¿Cuál es mi grado de responsabilidad? ¿Hasta dónde esta situación resulta verdaderamente dañina o estresante para mí? ¿Tengo el poder para cambiar la situación? ¿Hasta qué punto puedo incidir en la misma? ¿Es pertinente que incida? ¿Qué cambiaría en mi medio y en mí mismo si lograra variarla? ¿Con qué posible solución me siento más cómodo? ¿Es ésta una solución definitiva o el problema reaparecerá posteriormente?

De esta manera lograremos comprender la situación a enfrentar desde una perspectiva más amplia y hallaremos una solución que propicie el crecimiento personal.

CAPÍTULO 7

Historia No. 7: El portero del hotel

Era una vez un hombre muy pobre que tenía una familia numerosa que mantener. Trabajaba como portero del hotel de la ciudad pues no tenía oficio ni sabía leer ni escribir.

Un día, el propietario del hotel decidió modernizar el negocio y recortar el personal. Modificó las habitaciones y después citó al personal para darle nuevas instrucciones.

Al portero, le dijo: "A partir de hoy, usted será el portero y recepcionista del hotel. Cada semana me preparará un informe donde reflejará la cantidad de huéspedes y las opiniones de los mismos sobre el local. Por supuesto, su salario aumentará."

El portero nervioso balbuceó: - Me encantaría satisfacerlo, pero yo no sé leer ni escribir.

- ¡Cuánto lo siento! Yo no puedo pagar a otra persona para que haga un informe y tampoco puedo esperar hasta que usted aprenda a escribir, por lo tanto tendré que contratar a otro en su puesto. Era una magnífica oportunidad para usted, lo siento mucho. Le daré una indemnización. Buena suerte.

Y sin decirle más ni dejarlo replicar, el propietario se marchó.

El hombre sintió que el mundo se derrumbaba pues no había previsto aquella situación. ¿Qué haría? Recordó que algunas veces en el hotel había arreglado algunas cosas de carpintería, quizás alguien podría contratarlo provisoriamente como carpintero hasta que hallase otro empleo.

Fue a su casa y se dispuso a buscar herramientas de carpintería pero solo tenía unos clavos oxidados. Tendría que comprar una caja de herramientas, usaría el dinero de la indemnización.

Pero en el pueblo no había una ferretería, tendría que ir al pueblo más próximo que distaba a dos días de camino. Emprendió el viaje.

A su regreso, traía una hermosa y completa caja de herramientas de carpintería. Al rato llama el vecino a su puerta.

- ¿Tendrá un martillo que prestarme?

- Si, lo acabo de comprar pero lo necesito para trabajar.

- Bueno, yo se lo devolvería mañana.

El ex-portero aceptó. A la mañana siguiente el vecino le propuso:

- Mire, yo todavía necesito el martillo. ¿Por qué no me lo vende?

- No puedo, yo lo necesito para trabajar. La ferretería está a dos días de camino, no puedo perder esos días.

- Hagamos un trato. Yo le pagaré los dos días de ida y los dos de vuelta más el precio del martillo. ¿Qué le parece?

El dinero no le vendría mal. Aceptó y volvió a emprender el camino hacia la ferretería.

Al regreso, otro vecino lo esperaba en la puerta de su casa.

- ¿Usted le vendió un martillo a nuestro amigo?
- Sí.
- Yo necesito unas herramientas y estoy dispuesto a pagarle sus cuatros días de viaje y una pequeña ganancia por cada herramienta. No todos podemos disponer de cuatro días para realizar nuestras compras.

El ex-portero abrió su caja de herramientas y su vecino eligió las que necesitaba. Le pagó y se fue.

"No todos disponemos de cuatro días para compras", recordaba. Si esto era cierto, mucha gente podría necesitar que él viajara a traer herramientas.

En el siguiente viaje decidió que arriesgaría un poco del dinero de la indemnización, trayendo más herramientas que las que había vendido. De paso, podría ahorrar algún tiempo de viajes.

Pronto todos en el pueblo supieron que el ex-portero viajaba al pueblo cercano para comprar herramientas si le pagaban el viaje.

Rápidamente el ex-portero comprendió que si pudiera encontrar un lugar donde almacenar las herramientas, podría ahorrar más viajes y ganar más dinero. Alquiló un local.

Luego le hizo una entrada más cómoda y algunas semanas después colocó una vidriera, el local se transformó en la primera ferretería del pueblo.

Todos estaban contentos y compraban en su negocio. Ya no necesitaba viajar, de la ferretería del pueblo vecino le enviaban sus pedidos. Él era un buen cliente. Con el tiempo, todos los compradores de pueblos pequeños más lejanos preferían comprar en su ferretería y ganar dos días de marcha.

Un día se le ocurrió que el tornero del pueblo podría fabricar para él las cabezas de los martillos. Y luego, las tenazas, las pinzas y los cinceles. Después fueron los clavos y los tornillos.

Al cabo de quince años aquel hombre se transformó en el empresario más poderoso y rico de la región.

Un día, un joven periodista del periódico local, decidió entrevistar al empresario. Después de varias preguntas, asombrado de la capacidad empresarial y la inteligencia de aquel hombre, se interesa por su opinión sobre el periódico: ¿Qué opina usted sobre nuestro diario?

- No sé. Jamás lo he leído.- Reconoce el empresario.
- ¿Por qué?– Le pregunta asombrado el joven.
- Porque no sé leer ni escribir.

El joven estaba sorprendido, no lo creía. - ¿Usted ha construido un imperio industrial sin saber leer ni escribir? Estoy asombrado. Me pregunto, ¿qué hubiera hecho si hubiera sabido leer y escribir?

- Si yo hubiera sabido leer y escribir sería el recepcionista del hotel. – Respondió simplemente. [*6]

¿El fracaso? Cambiemos perspectivas

Vivimos en un mundo extremadamente competitivo, por lo tanto no resulta extraño que muchas personas vivencien de manera sentida el fracaso o la victoria. No obstante, ¿es la victoria siempre una victoria? ¿Es el fracaso siempre un fracaso? A primera vista estas interrogaciones parecen una tontería, no obstante si pensamos con detenimiento en el valor de la "victoria" o del "fracaso" podemos encontrar aristas que normalmente permanecen ocultas. ¿Cuántas veces hemos ganado algo pero experimentamos un sabor amargo? O al contrario, ¿Cuántas veces hemos perdido algo pero sentimos una extraña sensación de satisfacción?

Existe una vastísima literatura que, en su intento de "ayudar" a las personas, termina por exacerbar la competición por el éxito. Estos libros se basan en la idea de que a todos les gusta tener éxito, todos desean obtener lo mejor de la vida, a nadie le gusta ser una persona de segunda, fracasada. Analicemos en detalle estas ideas que también pueden ser nuestras. Es bastante lógico pensar que a todos nosotros nos gustaría obtener lo mejor de la vida, pero... ¿qué significa lo mejor? ¿Ser poderoso o compartir el amor de las personas que nos resultan importantes? Por otra parte, estas ideas nos dicen que cuando no obtenemos algo que deseamos nos convertimos en una persona fracasada. ¿Existen personas de segunda? Por supuesto que no. Quien así piensa corre detrás de una quimera que puede deshacerse en cualquier minuto. Estos argumentos comprenden las relaciones humanas como relaciones de competición, yo soy mejor que él, soy peor que él. Para las personas que creen ciegamente en el éxito el mundo se divide solo en dos bandos: los exitosos y los fracasados.

En muchas ocasiones cuando se establece una discusión y prevalece la intención de "ganar" más que el deseo de construir o intercambiar puntos de vista; la conversación pierde su esencia y se convierte en una discusión interminable sobre una multiplicidad de temas que, en ocasiones, están tan lejanos del argumento inicial que se disipa por completo la posibilidad de construir una idea en común, de llegar a un acuerdo, de crecer como personas. Lo importante en esta discusión ya no es: ¿cuál es la verdad o el argumento más razonable?, el centro de la discusión se convierte en: ¿quién tiene la razón? La discusión adquiere una dimensión épica, filosófica, donde lo importante no es construir, poner en común puntos de vista contrarios, llegar a un acuerdo; lo importante es convertirse en el "vencedor" y, por supuesto, que exista un vencido, que por demás, nunca debo ser yo.

Para crecer como personas es importante asumir las relaciones con los otros como oportunidades para el discernimiento, espacios de creación conjunta, dejar de pensar las relaciones humanas como relaciones de competición, dejar de valorar todo lo que nos ocurre en términos de victorias y fracasos.

El fracaso en sí mismo no existe, es una creación social o personal. El fracaso social es simplemente la opinión que una persona o un grupo tiene sobre cómo se deberían hacer ciertas cosas de la manera que le parece más adecuada, correcta o exacta. Por lo tanto, el fracaso es una perspectiva, una forma de comprender y valorar las actividades que realizamos bajo una normativa, que puede no ser la nuestra y que incluso podemos no compartir. El fracaso social es un juicio de los otros sobre los productos de nuestra actividad o sobre nuestra competencia, es un criterio que no cumplimos según los cánones de la cultura. Así, lo que en una cultura puede considerarse un fracaso, en otra podría ser un éxito.

Si asumimos esta óptica existirán diferentes formas de enfrentar las situaciones, diversas soluciones que pueden ser más o menos eficaces pero nunca fracasadas.

No obstante, también nosotros poseemos opiniones sobre cómo se deben hacer ciertas cosas, poseemos reglas y normas con las cuales valoramos si nuestra práctica fue exitosa o fracasada. Tenemos ideas sobre la manera más adecuada de desempeñarnos, por lo tanto también existe el fracaso para nosotros, el fracaso según nuestras normativas, que puede coincidir o no con la idea del fracaso social.

No siempre podemos lograr nuestros objetivos, a veces debemos postergar ciertas metas u olvidarnos definitivamente de ellas y esto no indica que hayamos fracasado. En la mayoría de las ocasiones somos extremadamente rígidos y críticos con nosotros mismos, ponemos un listón demasiado alto que es casi imposible de sobrepasar, buscamos la perfección y ante la imposibilidad de alcanzarla nos recriminamos y nos sentimos personas fracasadas.

En este punto existen dos ideas esenciales sobre las cuales debemos reflexionar: la búsqueda de la perfección y la existencia del fracaso como persona.

La búsqueda de la perfección es un intento totalmente válido siempre que no se convierta en el motivo esencial que guíe nuestro comportamiento.

Cuando comenzamos un trabajo, debemos hacerlo porque lo amamos, porque es necesario y, sin duda alguna, debemos poner nuestro mayor empeño. No obstante, existen personas que se dicen a sí mismos y a los demás: "o lo haces bien o no lo haces", "si no queda perfecto no tiene sentido intentarlo"... de esta manera se inmovilizan, se impiden avanzar, se niegan la posibilidad de disfrutar de muchas actividades que pueden resultar extremadamente placenteras. El perfeccionismo conduce a la inmovilidad porque aquello que es perfecto no debe ser cambiado y por lo tanto, no se desarrolla. El perfeccionismo se convierte en una imposibilidad, una abstracción. ¿Cómo sería una mujer de belleza perfecta? Intenten imaginarla, descríbanla, visualícenla.

No obstante, ¿Cómo era la mujer de belleza perfecta para los griegos? Un poco más rolliza que la mujer actual y de cabellos ensortijados. ¿Cómo es la mujer de belleza perfecta para los Dani o para algunas tribus etíopes? Una persona que se deforma sus rasgos faciales introduciendo objetos en sus labios o en los lóbulos de las orejas.

Entonces, la perfección es también una construcción social que muchas veces se aleja de nosotros mismos como seres humanos, se convierte en un ideal inalcanzable que nos empuja a sentirnos inferiores y fracasados.

Recuerdo una historia que me impresionó fuertemente: [*8]

En una aldea remota, hicieron un concurso para ver quién tenía el corazón más bello. Se presentaron muchos jóvenes.

Después de valorar aquellos corazones fuertes, exentos de marcas, cuando ya el jurado estaba dispuesto a declarar un vencedor; aparece un anciano y enseña su corazón.

Era un corazón debilitado, lleno de cicatrices y deformaciones. Todos se rieron de la pretensión del anciano y le preguntaron cómo se atrevía a llamar bello a aquel corazón.

- Este corazón ha sufrido y amado mucho. Las cicatrices que ven son su resultado. Cuando amaba a alguien me arrancaba un trozo de corazón y se lo entregaba, a su vez ellos me daban una parte del suyo, estas son las protuberancias. Otras veces no me devolvían el mismo amor y en mi corazón se formaba un hoyo. Cuando he sufrido por la pérdida de un ser amado se han formado estas estrías. Jóvenes, ¿cómo es posible que su corazón sea tan perfecto?

Los jóvenes se avergonzaron. El corazón del anciano era el más bello.

Las arrugas, los defectos físicos e incluso algunas de nuestros fallas en el orden espiritual nos hacen ser quien somos, nos distinguen de los demás y nos impulsan a recordar las dificultades que hemos tenido que enfrentar para arribar donde estamos, nos recuerdan nuestras vivencias pasadas y nos impulsan a seguir adelante. ¿Cuántas veces le reprochamos a una pareja un comportamiento que nos resultaba particularmente diferente o inaceptable? Sin embargo, cuando no tenemos al lado a esta persona, curiosamente, echamos de menos ese comportamiento, esa forma de exasperarnos, eso que consideramos una pequeña imperfección.

Las personas perfeccionistas analizan las cosas en dos sentidos: el éxito o el fracaso, no existen puntos intermedios. Empeñarse y poner lo mejor de sí para llevar a cabo las actividades es positivo; no obstante, buscar la perfección en nuestros actos y nuestros productos es una añoranza sin sentido que nos conduce a un callejón sin salida: la idea de que somos personas fracasadas.

Sin embargo, el hecho de que nos equivoquemos, que no logremos realizar una actividad tal y como la teníamos planificada no significa que nuestro valor como persona disminuya. No lograr un éxito en un área determinada no significa que hayamos fracasado como personas.

Nuestra cultura usualmente nos conduce a identificar nuestro propio valor con los resultados de nuestros comportamientos. Somos fracasados si no somos suficientemente solventes económicamente, si no tenemos cierta posición social, si no somos suficientemente bellos, si no nos vestimos a la moda... Cuando somos pequeños aprendemos rápidamente una norma: "si hago algo mal, soy malo". ¿Cuántas veces hemos escuchado a los adultos, incluso en tono jocoso, decirle a un niño que hizo algo inadecuado: "niño malo, malo"? Se ha plantado la semilla.

Así, los niños comienzan a evitar las actividades en las cuales no son suficientemente buenos, no son perfectos. Y aún en la adultez mantenemos esta forma de enfrentar el mundo: "No soy suficientemente bueno hablando en público, mejor le das esa tarea a otro que sea mejor", aunque realmente no somos ni mejores ni peores que la media.

Alcanzar la victoria y el éxito no pueden convertirse en la motivación esencial de nuestras actividades.

El fracaso nunca es definitivo ni indica nuestra calidad como personas. La derrota es siempre una perspectiva.

No obstante, hay situaciones complejas, difíciles de enfrentar, donde la pérdida es innegable y nos sentimos en posición de vencidos. No podemos enfrentar las tareas contemplando la posibilidad del fracaso pero debemos reconocer que todo puede no andar tal y como lo tenemos planificado. Entonces... ¿qué hacer? ¿Cómo enfrentarlas? ¿Cuáles son las actitudes que nos ayudarán a enfrentar las crisis?

Cuando se desata una crisis... La resiliencia

En los últimos años la psicología, con esa tendencia casi-compulsiva (es un poco paradójico y vergonzoso reconocerlo) se ha apropiado de un nuevo término de las ciencias físicas: la resiliencia.

La resiliencia son las potencialidades de la persona para enfrentar las crisis, las situaciones estresantes o particularmente difíciles y salir fortalecidos de las mismas.

Estas situaciones implican hechos que exceden la capacidad de respuesta o recuperación de la persona, contienen exigencias que sobrepasan sus recursos psicológicos conduciéndolo a la desesperanza y a la desmotivación en la búsqueda de soluciones. En este momento las personas pueden tomar, esencialmente, dos caminos opuestos: dejarse vencer por la situación esperando que la misma cambie por sí sola o enfrentarla a partir de la restructuración de sus recursos psicológicos, así se manifestará la resiliencia.

¿Cuáles son las principales características de las personas resilientes? ¿Cómo enfrentan las más diversas situaciones?

Las personas resilientes conocen cuáles son sus necesidades prioritarias y poseen intereses bien definidos. La mayoría de nosotros conocemos nuestras necesidades pero en ocasiones nos resulta particularmente difícil determinar su importancia o jerarquía. Existen momentos en los cuáles nuestros intereses esenciales parecen disiparse y nos sentimos ansiosos o deprimidos porque logramos objetivos que no son importantes para nuestro verdadero bienestar. Las personas resilientes no pierden de vista sus necesidades esenciales y son relativamente autónomos para satisfacerlas en tanto se plantean objetivos que, en su generalidad, son alcanzables a partir de sus esfuerzos personales.

A su vez, son altamente tenaces en la consecución de sus metas poseyendo una elevada capacidad automotivante. Es decir, una vez que la persona resiliente se ha planteado sus objetivos y ha trazado sus planes, es persistente en los mismos, sustentándose en una motivación intrínseca por la tarea.

Esto no significa que sean personas rígidas, que solo ven donde tienen apuntado el ojo, más bien resulta todo lo contrario, son altamente flexibles en sus formas de pensar y en sus comportamientos. Aunque poseen una representación del mundo y de sí mismos bien definida (saben quiénes son, lo que quieren lograr y conocen cómo el mundo puede favorecer o entorpecer sus deseos) son capaces de variar sus planes y cambiar sus objetivos en relación con las contingencias del medio, valorando aquello que es mejor para sí. Son personas en búsqueda y construcción de alternativas concretas, razonables y realizables.

Para llegar a este nivel de flexibilidad, expresan una elevada capacidad de crear sentidos, es decir, las personas resilientes logran vislumbrar los aspectos positivos de las situaciones dotándola de un sentido enriquecido y multidimensional. A pesar de las dificultades que puedan encontrar en su camino están convencidos de que existe algo positivo en la vida; esto les permite brindarle coherencia y orientación a la misma, les ayuda a mantener la esperanza.

Muchas veces comprenden las situaciones desde un matiz humorístico, son capaces de reírse de sus males, restándole así el impacto emocional negativo, por lo cual, puede decirse que la mitad del camino está recorrido.

Particularmente he conocido muchas personas con una vida digna de drama novelado, esos que hacen saltar las lágrimas e incluso te preguntas si pueden ser ciertos. Estas personas en el momento en que las conocí vivían una vida plena y eran más felices que la mayoría de las personas que han vivido de manera diferente (con menos trabas y muchas más posibilidades para desarrollarse). Todos tenían algo en común: un elevado sentido del humor. Eran capaces de encontrar el humor en las situaciones de la vida cotidiana e incluso se reían de sus dificultades o deficiencias. Son personas que le dan gran valor a una sonrisa.

Así, este humor tiene amplias implicaciones a nivel psicológico pues encierra dos comprensiones esenciales: 1. el reconocimiento y la ternura ante lo imperfecto y ante el posible fracaso y, 2. la capacidad de admiración ante lo inesperado. Cuando estamos estresados, angustiados o molestos nuestro cuerpo y nuestro rostro adoptan posturas y gestos que evidencian nuestro malestar; a la vez, el cerebro recibe del cuerpo y del rostro estas sensaciones de desagrado, provocando aún más displacer. Una sonrisa puede romper este círculo vicioso.

Pero la persona resiliente no es un *superman* de fuerza interna, usualmente cuenta con redes de apoyo social que le brindan energía y sustento ante situaciones particularmente difíciles. Precisamente su empatía y sentido del humor les facilita el establecimiento de sólidas relaciones interpersonales. No se trata de conocer muchas personas, ser popular y convertirse en el conocido de todos sin ser el amigo de nadie; sino de poseer una mano amiga, un "cómplice significativo" que les permite crear lazos y vínculos consigo mismos, con los otros y con su entorno.

¿Parece una fábula perfecta imposible de alcanzar?

Las personas resilientes pueden ser resistentes ante algún tipo de adversidad, sin embargo, pueden no tener igualmente desarrollada su resiliencia en otras esferas. Podemos ser positivos ante la pérdida de un trabajo pero no ante la pérdida de un ser querido. La resiliencia no existe en el vacío, es una potencialidad que se expresa en las situaciones y que puede desarrollarse. La resiliencia no es algo innato, tampoco es un escudo perfecto sino que se desarrolla a lo largo de toda la vida, en la misma medida en que enfrentamos situaciones difíciles. No existen personas a las cuales les sea particularmente fácil ser resilientes porque para lograr esa fuerza interior fue necesario vencer innumerables obstáculos y situaciones críticas.

Por eso, ser resiliente no implica estar exentos de riesgos y menos aún es sinónimo de fortaleza y resistencia ante todas las situaciones, como puede leerse en la mayoría de los manuales de autoayuda. La resiliencia no es una meta ni un estado fijo que una vez que se alcanza es inmutable y nos acoraza contra las inclemencias del medio, es un proceso en continua restructuración y fortalecimiento. La resiliencia es una potencialidad que debe ser continuamente educada e implica dos aspectos esenciales: la resistencia ante la destrucción y la flexibilidad para la reconstrucción, aún en un medio adverso. Todos los seres humanos tienen esta capacidad y la posibilidad de desarrollarla fundamentándose en la comprensión de tres conceptos esenciales: Yo soy, Yo tengo, Yo puedo.

"Yo soy": la persona debe preguntarse quién es y qué desea lograr en su vida, teniendo siempre como premisa el respeto por los demás y por si mismo. Es una clarificación de quién somos y qué deseamos.

"Yo tengo": la persona debe conocer de manera objetiva cuáles son sus potencialidades, debe ser capaz de determinar hasta qué punto puede llegar con sus propios recursos. A su vez debe contar con redes de apoyo social, personas que puedan ayudarlo en momentos críticos, conociendo incluso los límites en la ayuda que pueden brindarle estas personas. Este "yo tengo" hace referencia al conocimiento de nuestras fuerzas y debilidades, es ser capaz de determinar qué recursos tenemos para lograr aquello que deseamos.

"Yo puedo": está altamente relacionado con la autoestima, la seguridad en sí mismo y la confianza en el triunfo. No basta con saber quiénes somos, qué deseamos y con qué contamos, es necesario poseer la motivación y la confianza en el éxito. Es el proceso de automotivación y de confianza en las potencialidades individuales. Es la posibilidad de alentarse en las dificultades y confiar en el éxito.

¿Cómo lograr el desarrollo de estos tres aspectos? Existen algunas ideas sobre las cuales vale la pena reflexionar e incluso llevar alguna de ellas a la práctica:

- Las crisis no son barreras insuperables, también pueden ser posibilidades para el cambio positivo que nos conduce a un nuevo nivel de desarrollo.
- El cambio es una parte intrínseca e inevitable de la existencia que induce a contemplar alternativas y modos de vida diferentes.
- Todas las situaciones o problemáticas que existen tienen múltiples facetas y diversas formas de solucionarlas por lo cual debemos ser capaces de contemplar la mayor cantidad de alternativas posibles antes de tomar una decisión. Casi ninguna situación se presenta en blanco y negro, somos los responsables de ampliar nuestra paleta de colores.
- Las relaciones interpersonales deben basarse en la aceptación del otro, en el establecimiento de relaciones de cooperación.
- Aquello sobre lo que poseemos mayor control somos nosotros mismos, intentar controlar todas las situaciones que nos circundan a menudo es un gasto de recursos personales innecesario e infructuoso.
- Aceptar los diferentes grados de responsabilidad personal ante los diversos hechos de la vida sin sentirse culpables por los mismos.
- Determinar cuáles son las metas esenciales de la vida y desarrollar planes concretos para lograrlas.
- No perder la esperanza, darse ánimos continuamente.
- Ampliar continuamente los intereses y motivaciones personales.
- Crear una imagen positiva de nosotros mismos que favorezca la autoconfianza.

Tal vez poner en práctica estas ideas pueda recordarnos el film: Misión Imposible, no obstante, debemos recordar que si andamos un poco a la vez y sin desesperar podemos llegar tan lejos como nos lo permitan nuestras fuerzas. No debemos crearnos un modelo personal perfecto e intentar alcanzarlo a todo costo sino que debemos ir modificando este modelo según nuestras posibilidades personales y las condiciones objetivas del medio de manera que, más que intentar llegar a una meta, seamos capaces de recorrer un camino que nos conduce al crecimiento personal.

CAPÍTULO 8

Historia No. 8: La iniciación

En los tiempos en que la antigua civilización egipciana refulgía en el apogeo de su gloria, en la oscuridad de sus templos se llevaban a cabo ritos iniciáticos que debían vencer todos aquellos que quisieran ser iluminados por el conocimiento de Hermes.

Eran pruebas de decisión, una sentencia errada podía alejarlos del conocimiento pero también les podía costar la vida.

El novicio era conducido ante un corredor en tinieblas donde lo dejaban solo, cerrando tras si la puerta del santuario. No había elección, era necesario adentrarse en el corredor pero apenas andaba unos pasos se escuchaba una voz que decía: "Aquí perecen los dementes que han anhelado el poder". La frase se volvía más y más lúgubre en la medida en que hacía eco en el corredor.

No obstante, el iniciado debía seguir adelante. En la medida en que avanzaba la galería se ampliaba, descendiendo en una pendiente siempre más empinada. Después de varias horas de camino en la oscuridad más severa, escuchando los sonidos más inverosímiles y horrendos, el corredor comenzaba a formar un embudo cada vez más angosto.

El iniciado encontraba a tientas una escalera de hierro que le permitía descender por el embudo sin caer en el vacío que percibía debajo de sus pies. Así, descendía lentamente, cuidando donde poner los pies, le tomaba horas de considerable angustia ante lo incierto.

El iniciado se arriesgaba y resistía aquella cuasi-tortura psicológica hasta que los peldaños de la escalera terminaban. ¿Qué hacer? ¿Qué habría debajo de sus pies? ¿El abismo? Quizás algún animal silencioso que lo devoraría o quizás un pozo de aguas heladas donde moriría sin duda alguna, lentamente.

El retorno era imposible. En la angustia de lo incierto, extenuado física y mentalmente el iniciado comienza a tantear con sus manos la pared en busca de otra posible salida. La encuentra, parece ser otro corredor que le brinda seguridad, tiene la certeza de que esa es la mejor decisión pues al menos irá seguro. Haciendo mucho esfuerzo logra entrar al corredor.

Ahora camina con confianza en la galería. No sabe que es un laberinto inmenso del cual difícilmente saldrá vivo.

Mientras, los sacerdotes lo esperaban detrás de la puerta que estaba a dos metros de la escalera, en lo que él creía era un inmenso pozo.

Las personas que buscan sus verdades no pueden temer a lo incierto porque el camino está lleno de incertidumbre.

El miedo a lo incierto

En nuestra cotidianidad continuamente nos encontramos en la situación del iniciado: debemos hallar soluciones manejando información insuficiente, debemos tomar decisiones con un alto grado de incertidumbre. Muchas veces, exactamente como el iniciado, optamos por el camino que nos parece más seguro y práctico. ¡Cuidado! Digo el camino que nos "parece" con toda intencionalidad porque tampoco tenemos la certeza de que realmente sea la vía más segura; simplemente nos creamos esta "pretendida certeza" en base a nuestros estereotipos, a lo que estamos acostumbrados a manejar, desarrollando una sensación ilusoria de seguridad.

¿Por qué esta sensación de seguridad ilusoria nos parece necesaria para enfrentar las situaciones?

Porque al relacionarnos con el mundo vamos brindándole un sentido más o menos organizado y lógico, construimos una imagen: la representación del mundo, de la cual usualmente no somos tan conscientes pero que determina nuestra forma de asumir las más disímiles situaciones. Detengámonos un momento y describamos cómo vemos el mundo. ¿Es un lugar lleno de riesgos o de oportunidades? ¿Es justo o injusto? ¿Es un sitio donde todo tiene una explicación precisa y donde a cada causa le corresponde un efecto o por el contrario nos enfrentamos a un mundo caótico e inexplicable? Las respuestas a estas preguntas nos conducen a asumir ciertas actitudes de acercamiento o de rechazo, positivas o negativas, arriesgadas o conservadoras que determinarán los logros que alcancemos en nuestras vidas.

Por ejemplo, para poder solucionar un problema de matemática se necesita tener conocimientos básicos de la misma, poseer una noción anterior que nos permita ubicarnos de manera casi inmediata en lo que está sucediendo o lo que nos está demandando concretamente la situación. De la misma forma, poseemos una imagen de los diferentes grupos sociales, de cómo funcionan, cómo se relacionan, cómo se comunican entre ellos y para con los demás. Tenemos nociones de cómo puede funcionar un trabajo o una relación, nos creamos ciertos estereotipos, etiquetas, representaciones que pueden ser más o menos ciertas pero que desempeñan siempre un papel mediador en nuestra forma de relacionarnos.

Sin embargo, sucede que no es lo mismo resolver un problema de matemática elemental que hacer integrales y la realidad con la que nos relacionamos resulta más difícil e incomprensible que solucionar una integral; es extremadamente compleja por lo que usualmente nuestras imágenes y representaciones son inacabadas, insuficientes y difícilmente expresan toda la riqueza de la realidad.

¿Qué sucede entonces? Desarrollamos imágenes o representaciones demasiado estrechas para relacionarnos con la complejidad del mundo. Entonces aparece el miedo a la complejidad que se traduce en el miedo a la incertidumbre, el rechazo a lo que no comprendemos. Nuestros patrones o representaciones construidas por años no son suficientes para explicarnos qué sucede y tendemos a negar lo desconocido, a escudarnos contra el cambio, a hacer caso omiso de la ambivalencia.

Precisamente ésta constituye uno de las problemáticas con las cuales nos enfrenta la modernidad aunque hace bastantes años la física comenzó a concluir la idea de que todo depende del sistema de referencia con el cual se analice y por lo tanto, la mayoría de los fenómenos tienen un carácter relativo y en ocasiones contradictorio. Claro, esta teoría fue perfilada algunos milenios antes por los griegos pero hoy, solo unos pocos lo recuerdan y muchos menos la aplican porque "es algo tan alejado de la realidad" hasta que un día… ¡la modernidad nos obliga a enfrentar la relatividad, la complejidad y la incertidumbre!

Deseo reforzar una vez más esta idea: no es que en épocas pasadas el mundo no fuese complejo o incierto, como podemos notar en la historia que da inicio al capítulo este es un tema bastante antiguo; lo que sucede es que en la actualidad es imposible desconocerlas, no podemos voltearles el rostro. La complejidad creciente de la sociedad nos empuja hacia la incertidumbre y lograr manejarla, manteniendo nuestro equilibrio psicológico, es una necesidad de primer orden para insertarnos exitosamente en la cultura.

Hoy los estudiantes pueden tener más conocimientos que su profesor porque la información no es patrimonio de unos pocos privilegiados. Entonces los profesores deben enfrentarse al estudiantado bajo un rol diferente, el rol de facilitador y a su vez deben reconocer que hay determinadas áreas en las cuales sus estudiantes pueden convertirse en sus profesores.

Recuerdo un profesor de la universidad que poseía esta concepción pero a la vez quería dejar bien claro su rol director en el proceso educativo.

- ¿Tienen ustedes más conocimientos que Newton?
- No –. Respondimos inmediatamente a coro, negándonos a igualarnos al nivel de maestría de tan ilustre científico.
- ¿Conocía Newton los rudimentos de la Informática?- nos preguntó el profesor.
- No.
- ¿Conocía Newton la ley de la relatividad?
- No.

Continuó preguntando por infinidad de informaciones que solo nosotros manejábamos porque evidentemente, en el momento histórico en que vivió el científico, no estaban a su alcance. Así prosiguió con las preguntas hasta que fue indiscutible que nosotros poseíamos más conocimientos que Newton.

Cuando todos fuimos tan felices por descubrir nuestra "sabiduría" como para traducir este sentimiento en nuestros rostros juveniles el profesor nos detiene:

- Todos ustedes saben más que Newton pero ninguno es él porque no tienen su flexibilidad de pensamiento.

Una de las enseñanzas es clara: el estudiante puede conocer más que el profesor pero la experiencia del mismo, su forma de enfrentar los problemas, los métodos que utiliza, son esenciales para poder construir el conocimiento.

Por otra parte, aproximadamente hasta los años '60 del siglo pasado, casi todo se regía por leyes bien precisas. Los niños dormían a las horas exactas y respetaban al pie de la letra las normas establecidas por los adultos. Los adolescentes hacían intentos de rebeliones sin grandes consecuencias, más bien para estar en sintonía con sus hormonas. Los matrimonios duraban para toda la vida, aunque no fuesen exactamente felices. Los oficios muchas veces eran aprendidos de generación en generación, generándose negocios familiares que usualmente andaban viento en popa y a toda vela. En fin, existía una "aparente estabilidad social" que se transparentaba en una "aparente seguridad personal".

Hoy nos enfrentamos a un mundo un tanto diverso, extremadamente cambiante, la información generada en tiempo record también caduca en tiempo record, los comportamientos generacionales se modifican inevitablemente y de manera tan vertiginosa que es difícil poder comprender sus pautas, existe una variedad increíble de productos que cumplen la misma finalidad... Entonces cuando todo gira tan rápido se hace compleja su comprensión y nos enfrentamos a nuestra pequeñez, a nuestra incapacidad para variar las creencias y los comportamientos que se han establecido por años, se patentiza nuestra imposibilidad de girar en consonancia con el mundo sin olvidar nuestra esencia. Así, se generan grandes incertidumbres y se cae en un peligroso relativismo.

En vez de preguntarnos cuáles de nuestras formas de comprender el mundo deben ser cambiadas porque constituyen una barrera para nuestro desarrollo personal; nos encerramos en el miedo a la incertidumbre, en el desasosiego ante lo incierto, en la angustia ante el cambio que no ofrece garantías.

¿Cuál es el resultado de estas posturas? Dennet nos deja una idea excelente para dibujar un posible resultado: cuando nuestro sistema de creencias, valores y comportamientos es incapaz de explicar una situación tendemos a inventar ogros, carceleros, hombres malos para hacerlos responsable de nuestras incapacidades; en fin, buscamos un chivo expiatorio que nunca está dentro de nosotros mismos y así evitamos el cambio interior, contribuyendo a mantener el mismo estado de las cosas.

Al decir de Wayne, cerca de un 75% de las personas de cultura occidental presenta un locus de control externo; esto quiere decir que responsabilizan a alguien o algo que está fuera de ellos mismos de sus estados emocionales y sus errores.

¿En cuantas ocasiones hemos funcionado con un locus de control externo? Cuando para explicar nuestros estados de ánimo respondemos: "porque mi jefe me trató mal en el trabajo", "porque mi amigo me ofendió", "porque mi suerte es pésima", "porque no puedo sentirme bien con esta enfermedad, con esta crisis"… Pero a la vez posee su contraparte positiva, cuando nos sentimos de buen humor respondemos: "porque mi pareja estaba feliz", "porque mi suerte es excelente", "porque mi jefe me ha alabado"… Con estas frases escondemos un marco de referencia externo, nos ubicamos como espectadores de nuestra vida, marionetas de los otros.

Así, logramos eliminar la incertidumbre porque eliminamos también nuestra responsabilidad, poniendo la culpa en cualquier lugar que no sea dentro de nosotros mismos.

Poner la culpa sobre los otros es una estrategia muy práctica pero poco eficiente si realmente se desea cambiar el estado de las cosas. Podemos lograr que la otra persona se sienta en culpa pero no podemos cambiar nuestros comportamientos y creencias erróneas. La culpabilización es solo una pérdida de tiempo que nos impide encontrar las causas de los problemas pero a la vez es un mecanismo que nos brinda seguridad, que nos da la certeza de que todo funciona de manera sencilla y segura.

Evidentemente es mucho más sencillo explicarnos: "le he gritado a mi compañero de trabajo porque él comenzó gritándome a mí", poner la culpa sobre el otro. Mientras que, una verdad mucho más difícil de hallar sería asumir que: "le he gritado a mi compañero de trabajo porque, aunque él me gritó a mí, hay ocasiones en las cuales no controlo mis impulsos y no sé comportarme asertivamente".

Sí, sin lugar a dudas, es más sencillo y reconfortante pensar en términos de acción y reacción: él me grita, yo le grito; mi pareja es feliz, yo soy feliz. Nos da la certeza de que todo funciona como debería, como estamos acostumbrados a que funcione pero… ¿qué tipo de certeza es esta? ¿Es realmente una certidumbre?

¿Qué certezas tenemos? Hagamos una lista de aquellas cosas de las cuales estamos 100% seguros. Seguramente nos asombrarán las pocas cosas que podemos nombrar.

No obstante, quisiéramos tomar todas nuestras decisiones basándonos en un porcentual elevado de certeza.

En la escuela, hace bastante tiempo, nos enseñaron que para escribir un ensayo se necesita una buena introducción, que atraiga al lector pero que a la vez sea relativamente corta. Luego debe proseguir un desarrollo bien organizado, donde se expongan todas las ideas esenciales que deben ser claras y con un ordenamiento lógico. Por último, deben presentarse las conclusiones, no muy extensas, donde seamos capaces de resumirle al lector que no desea leer todo el ensayo o que no fue capaz de llegar a las conclusiones por sí solo, aquello esencial y lógico que se desprende de los argumentos mostrados en el desarrollo. Así también nos enseñaron a resolver los problemas de matemáticas, paso por paso. ¡Bellísimo! ¡Inaplicable!

Desgraciadamente existen personas que desean aplicar el mismo tipo de lógica a las problemáticas de su vida llegando a pensar que son tan sencillas como resolver los problemas matemáticos o elaborar un ensayo. Desean vivir según un plan porque éste es una garantía de que todo irá bien, que no sucederá casi nada imprevisto ni negativo y nos brinda una sensación de seguridad.

Por supuesto, esto es una inmensa falacia, una mentira creada por nosotros y para nosotros mismos. Para dejar de sentirnos pequeños, incapaces, para tener la ilusión de que lo controlamos todo.

Debe destacarse que cuando me refiero a las palabras seguridad y garantía me represento las posesiones: la casa, el coche, el dinero acumulado, la elevada posición social alcanzada… Me refiero a las personas que confunden la seguridad con la posesión de bienes materiales que le brindan la "certeza" de que todo irá bien.

Las posesiones materiales o las relaciones interpersonales que podemos establecer no nos brindan certezas y nos confieren un grado de control bastante pequeño. No obstante, la confianza en sí mismo, la seguridad en nuestras capacidades y potencialidades se convierten en certezas para toda la vida, son una inversión que siempre nos ayudará a manejar cualquier situación.

Sin embargo, no siempre somos capaces de enfrentar la cotidianidad con estas actitudes positivas sino que vamos desarrollando múltiples barreras automutilantes que nos impiden comprender adecuadamente la incertidumbre.

¿Cuáles son algunas de estas barreras?

1. La tendencia a clasificar o etiquetar las situaciones, las personas o sus comportamientos como buenos o malos, positivos o negativos. Poseemos una propensión a analizar y encasillar las problemáticas en opuestos; idea muy infantil que data de cuando comprendíamos el mundo en blanco y negro porque nuestra mente no tenía las herramientas suficientes como para comprender la complejidad del mismo. Data de cuando nuestros padres nos decían: "eso es malo" o su contrario, "eso es bueno" pero no nos explicaban el por qué.

   Con el tiempo fuimos creciendo pero esta tendencia persistió en muchos de nosotros como un hábito, como un patrón mental con el que procesamos la información.

   Es necesario comprender que cada situación, persona y comportamiento posee en sí mismo lo negativo y lo positivo, posee una dosis de bondad pero también una porción de malevolencia. Así, nos encontraremos más cercanos a la realidad en el momento de valorar las situaciones y tomaremos las decisiones desde una perspectiva más amplia.

2. Todos los sucesos de nuestra vida transcurren en una interrelación; sin embargo, muchas veces cuando los analizamos, lo hacemos

abstrayéndolos de la situación en que se produjeron, de la época y de las condiciones existentes. Así, nos recriminamos porque tomamos una decisión inadecuada sin percatarnos que en aquel momento, con nuestra experiencia, con la información que manejábamos y con las condiciones del medio; aquella era, probablemente, la mejor solución que podíamos encontrar.

Comprender y valorar los hechos aislados de sus condicionantes solo nos brinda una solución parcializada que no nos permite ver más allá de nuestras narices.

3. Cada suceso es el resultado de una multiplicidad de causas. Si nuestra pareja nos fue infiel, la responsabilidad es compartida; pues si bien es cierto que fue el otro quien llevó a cabo el acto, también nosotros colocamos varios granitos de arena para que eso sucediera.

Comprender la mayoría de las causas que pueden estar provocando una problemática nos ayuda a enfrentarla desde sus raíces y nos conducirá a hallar una solución más adecuada y probablemente, definitiva.

4. La tendencia a la criticidad complaciente. Cuando enfrentamos un error, algo que debió realizarse de una forma más adecuada, muchas veces nos engañamos en la búsqueda de sus causas o en la atribución de las responsabilidades. Se ataca el resultado alcanzado, su imperfección pero no la manera en que condujimos el proceso, la manera en que pensamos, las creencias que lo determinaron.

¿En cuántas ocasiones hemos escuchado a los padres quejándose de sus hijos adolescentes? ¿Dónde ponen la responsabilidad? En el adolescente, en el grupo de amigos, en la sociedad… en todas partes menos en el proceso educativo que ellos han implementado. "La responsabilidad puede ser de todos, menos mía"- sería su punto de partida para valorar los hechos.

Evidentemente, esta forma de crítica solo mantiene el estado actual de las situaciones porque no llega a la esencia que debe ser transformada.

5. La comprensión de la incertidumbre y lo incierto como lo negativo o lo peligroso. El hecho de que una situación posea un alto grado de incertidumbre no implica que sea peligrosa sino que la convierte en un reto, en un descubrimiento, un área ignota que debemos dominar para seguir adelante y crecer como personas.

En la actualidad, pretender alcanzar la verdad y estar seguros de la misma al 100% es solo una utopía. No obstante, caer en el relativismo que enuncia que todo es permitido, resulta una posición igualmente peligrosa para enfrentar la vida. Debemos tener presente que cada cultura, cada generación y cada persona posee sus propias verdades; lo importante es dejarles espacio para el cambio, asumirlas con flexibilidad, darle paso a la incertidumbre dentro de ellas mismas. La incertidumbre que trae aparejada la modernidad no se vence con certezas sino con la aceptación de la propia incertidumbre, aprendiendo a manejarla.

Las ansias de control

Existe otro problema relacionado con la incapacidad para aceptar y manejar la incertidumbre que se ha venido perfilando en todo el discurso anterior: las ansias de control.

La incertidumbre en muchas ocasiones nos produce sentimientos de indefensión e inseguridad compulsándonos a intentar controlar la mayor cantidad de contingencias ambientales posibles. Poseemos la creencia errónea de que mientras más personas y situaciones controlemos existirán menos imprevistos, disminuirán los hechos perturbadores y entorpecedores de nuestros planes.

No obstante, como se observó anteriormente, la existencia de un plan preestablecido no nos libera de la incertidumbre; de la misma forma que el control sobre el medio no elimina lo caótico, la posibilidad de que sucedan hechos negativos. El control sobre el medio puede producir una pequeña dosis de certeza y de seguridad en la persona; sin embargo, los efectos negativos que acarrea son tan elevados que muchas veces no vale la pena el intento de controlar. Existen personas para las cuales el ejercicio del control se convierte casi en una obsesión, una necesidad de primer orden; por lo cual despliegan todos sus recursos psicológicos y físicos para lograrlo a despecho de las posibilidades objetivas de ejercer realmente el control. En este momento la controlabilidad se convierte en un sinsentido, en un esfuerzo vano que provocará daños a nivel fisiológico y psicológico.

Descrito de esta manera podríamos imaginarnos inmediatamente al prototipo clásico de persona controladora: aquella que grita, hace valer su opinión por la fuerza y todos se someten a sus criterios y deseos. Sin embargo, existen otros estilos de ejercer el control que son más sutiles e incluso más peligrosos en tanto son más complejos de reconocer y eliminar.

- El Intimidador: es aquella persona controladora por excelencia, prototípica; fácilmente reconocible pues normalmente presenta un temperamento colérico o sanguíneo, con una personalidad intimidante. Responde rápidamente ante los estímulos del medio, sobre todo ante aquellas situaciones que percibe pueden escapar de su control. Su respuesta es eminentemente emocional, poco estructurada y casi nunca bien pensada o contentiva de argumentos razonables, es una imposición por la fuerza.

En su presencia las personas tienen la percepción de que cualquier cosa que digan o hagan inadecuadamente hará estallar una explosión de ira y rabia contra ellos. El intimidador los hace sentir amenazados y sin armas para enfrentarlo. Su táctica es muy sencilla, algo bastante similar a la instauración de un régimen de terror, pues posee una personalidad intimidante; las personas se sienten incapaces de enfrentarlo.

¿Qué repercusiones personales tiene esta estrategia?

Paradójicamente, las personas que funcionan como intimidadores y que intentan controlar su medio a todo costo, son personas poco autocontroladas y con una autoestima que se basa, en gran medida, en el grado de control que puedan ejercer sobre su medio. Así, cuando no pueden controlar alguna situación, su "equilibrio psicológico" se ve altamente afectado pues se perciben como incapaces. No obstante, el intimidador hace llegar al exterior una imagen falsa de seguridad.

El intento de controlar todas las situaciones de una manera tan agresiva y sin analizar el control objetivo que podemos ejercer sobre ellas conduce a niveles de ansiedad y estrés elevados y conduce al deterioro progresivo de las relaciones interpersonales.

- El Victimario: es aquella persona que en su discurso cotidiano siempre demanda una suerte de compasión por todos los sucesos negativos que le ocurren en su vida. Que pueden no ser realmente tan nefastos en sí mismos pero al magnificarse sus repercusiones emocionales, se obtiene la compasión de la otra persona. En este preciso instante comienza la manipulación, el control. A su vez, el victimario nunca posee la responsabilidad por estos eventos negativos, la culpa es de los otros, por lo tanto, es muy probable que también intente hacer sentir culpable a su interlocutor.

  Esta forma de comportamiento se hace explícita en el prototipo clásico de la madre que no ha conseguido controlar a su hijo aunque ha intentado un despliegue de técnicas impresionantes, y recurre a una enfermedad o a cualquier otra situación lamentable que sabe de antemano, encontrará eco emocional en el hijo para controlar su comportamiento.

¿Qué repercusiones personales tiene esta estrategia?

Estas personas presentan un locus de control externo, su vida depende de la suerte o de lo buena o mala persona que sean los otros. Sienten que se les escapa el control de sus existencias por lo cual, se centran en controlar a los otros y como muchas veces no lo logran o su táctica es puesta al descubierto, se precipitan en la depresión.

- El Inquisidor: es aquella persona que utiliza la crítica como su arma principal. Su táctica es hacer sentir a su interlocutor como una persona que no es capaz de controlar su vida, que no está a la altura de la situación y no puede manejar sus asuntos. Para esto, parte de críticas que inicialmente son bastante sutiles pero socavan la seguridad de la otra persona y poco a poco, va imponiendo su visión de la realidad, sus normativas, reglas y su forma de valorar, hasta que el otro comienza a medirse a sí mismo por la regla del inquisidor.

El inquisidor parte de un conocimiento bastante exhaustivo de la otra persona, conoce sus errores, sus formas de valorar el mundo. Esta constituye la estrategia más sutil pues se sustenta en un entramado de manipulación de sentimientos y poner en común razones disímiles.

¿Qué repercusiones personales tiene esta estrategia?

Esta persona, usualmente, tiene una escasa confianza en sí mismo, por lo cual necesita minimizar las opiniones de los otros, controlar sus valoraciones y comportamientos pues de esta manera no verá afectada su autoimagen y autovaloración. La imposibilidad de controlar lo conduce a la depresión y a experimentar sentimientos de inferioridad.

En sentido general puede observarse que el deseo de controlar, a partir de las más disímiles tácticas de manipulación del otro, posee en su base una profunda inseguridad personal, una incapacidad para lidiar con la realidad y reajustar sus planes.

No obstante, todas las formas de ejercer el control no poseen una valencia altamente manipuladora como éstas que se han referido. Existen otras maneras de asumir y afrontar las situaciones problemáticas y estresantes: el control primario, el control secundario y el control vicario.

El control primario se refiere al control de la situación y los elementos que están envueltos en la misma, a la manipulación de los hechos y de las personas involucradas en el acontecimiento. Es la modificación del ambiente para que éste se adapte a nuestras necesidades. Curiosamente, este tipo de control es el más difícil de lograr debido a la cantidad de factores que deben ser vigilados, por lo tanto, también es el que brinda menos certezas y seguridades a largo plazo pero es el que más deseamos, pensando que es el más eficaz y confiable.

El control vicario constituye un intento intermedio entre el control primario y el secundario; siendo bastante complejo ya que encierra disímiles tácticas. En esencia, hace referencia al reconocimiento del control que ejercen las otras personas. En algunas ocasiones reconocemos el poder o la habilidad que poseen las otras personas e intentamos imitarlos utilizando sus mismas tácticas; otras veces nos asociamos a su poder, realizamos alianzas que nos permiten obtener cierta cuota de control sobre la situación. Otras veces, simplemente hacemos abdicación total del control a la otra persona en la búsqueda de ayuda.

El control secundario no se centra en la manipulación activa del ambiente sino que parte de la aceptación de la no controlabilidad de la situación, enfocándose en el control de las consecuencias. Es una actuación centrada en el yo para disminuir el impacto del acontecimiento. Existen diferentes formas de ejercer este control:

- La controlabilidad ilusoria: se refiere al intento de manipular la suerte para controlar las situaciones o al intento de manejar los acontecimientos que son esencialmente debidos al azar para incidir

163

sobre la situación. Uno de los ejemplos clásicos sería la práctica de un rito mágico para recuperar la salud. Este tipo de controlabilidad se sustenta en un pensamiento mágico que le brinda a la persona la sensación de un control que verdaderamente no posee.

Como puede comprenderse, ésta forma de ejercer el control resulta cómoda hasta el momento en que la causalidad rompe visiblemente con el rito mágico que se ha establecido y la persona debe enfrentarse a su incapacidad para controlar la situación.

– El control anticipatorio: la persona intenta prever los acontecimientos y sus consecuencias, así desarrolla tácticas que le permitan controlarlos o en su defecto, implementa estrategias para eliminar los sentimientos negativos de ira, enfado y desagrado, que pueden acarrear los mismos. Cuando se logra prever una situación o sus posibles resultados, usualmente el impacto psicológico será menor en tanto disminuye el impacto provocado por la novedad del estímulo.

– La reinterpretación de la significación del suceso: la persona acepta las consecuencias del hecho, incluso si éstas no eran esperadas o si en un primer momento las consideraba negativas. Es un intento por comprender la situación desde una perspectiva diferente y con un sentido positivo.

En resumen, las ansias de control forman parte, de manera casi intrínseca, de la mayoría de las personas de la cultura occidental. Intentamos controlar la mayor cantidad de los acontecimientos que nos circundan, por lo cual, resulta esencial conocer qué formas de control resultan más eficaces. No obstante, también es importante recordar que podemos ejercer solo un determinado grado de control; cierta cuota de incertidumbre siempre permanece, convirtiéndose precisamente en la posibilidad de desarrollo, de cambio, en el desafío que nos conduce al crecimiento personal. Lograr un equilibrio cuasi-perfecto entre nuestro deseo de ejercer el control y el manejo de la incertidumbre resulta, sin duda alguna, una tarea compleja pero no imposible. Intentarla, es un paso hacia el crecimiento personal.

CAPÍTULO 9

Historia No. 9: La imposibilidad del bienestar

Un hombre estaba haciendo fila esperando su turno para ver al médico, se veía preocupado pero no se observaba en él las características físicas o el malestar propio de las personas que les aqueja una enfermedad. Espera por una hora hasta que logra entrar y contarle al médico su preocupación.

- A ver, señor, ¿qué le sucede? – Le pregunta el médico.
- Es que no siento nada. – Le responde el paciente.

El médico, preocupado porque el paciente pueda encontrase en la etapa crónica de una enfermedad que disminuye la sensibilidad en todo el cuerpo, le pide que se recueste y le practica un examen inicial rutinario donde le infringe estímulos medianamente dolorosos en diversas partes del cuerpo. El paciente responde positivamente, quejándose en la correspondiente medida proporcionada al dolor.

El médico se encuentra perplejo, no entiende qué le sucede a aquel hombre; teme que aquella enfermedad se salga de su competencia y así se lo comenta al paciente pidiéndole más detalles del padecimiento, ante lo cual éste le responde: -"No doctor. El problema es que hace días no siento ningún dolor, no siento los dolores en los huesos, no me duele la garganta, ni siquiera un pequeño dolor de cabeza. Eso no es normal, a mí siempre me ha dolido algo."

El doctor lo mandó a casa con una sonrisa en los labios, aquel era el más simpático de los padecimientos que había tratado: "La imposibilidad de que todo fuese bien".

El sufrimiento

Existen personas, como la de la historia anterior, para las cuales es casi un pecado capital sentirse bien consigo mismas. Se regodean con el sufrimiento convirtiéndose en un manojo de culpabilidad y preocupación, exhibiendo una suerte de masoquismo o algofilia (búsqueda morbosa de la experimentación del dolor) encubiertos. Probablemente ante este enunciado, un poco exagerado, cada uno de nosotros afirmaremos rotundamente que no somos así, no es nuestro caso. Pero... si repasamos con la mente abierta este capítulo podemos descubrir algunos hechos interesantes sobre los cuales normalmente no reflexionamos.

Comencemos este análisis dando respuesta a dos preguntas: ¿Por qué la mayoría de las personas parecen poseer una tendencia algofílica? ¿Por qué es tan difícil aceptar la felicidad?

Las respuestas a estos cuestionamientos no pueden desligarse del plano sociológico, por eso la lectura de Max Weber brinda algunas respuestas iniciales. En su libro: Ensayo sobre sociología de la religión, realiza un estudio comparativo entre las seis principales religiones del mundo y observa que las causas explicativas que se le brindan al sufrimiento humano son: 1. Los pecados cometidos por las personas en una vida anterior, es decir, debemos sufrir porque en otra vida fuimos malas personas, aunque en la actualidad no tenemos la más mínima conciencia de qué cosa hicimos en aquel momento. 2. Los pecados consumados por las generaciones anteriores; quiere decir que mis padres, abuelos o bisabuelos... actuaron negativamente en su momento histórico y ahora me corresponde pagar con cierta cuota de sufrimiento, el dolor que provocó mi tatarabuelo, conquistador del Nuevo Mundo. 3. La banalidad y la negatividad que contienen todas las creaciones de la humanidad; es decir, debemos pagar por el desarrollo tecnológico alcanzado y por el cambio de los valores que experimenta y continuará experimentando la sociedad, por los siglos de los siglos.

Así, para compensar estas "culpas" se ofrece el camino del sufrimiento, la posibilidad de purgar los pecados que nadie sabe quién cometió; la felicidad será para disfrutarla un mañana que nunca llega. La vida futura será mejor, no debemos preocuparnos por la vida de hoy. Entonces el sufrimiento adquiere un sentido; disfrutar la vida y ser felices se convierte en algo negativo, malo e inadecuado. Pero, ¿tiene verdaderamente sentido el sufrimiento?

Para responder esta pregunta me viene a la mente como un flash el título de un libro que me llamó poderosamente la atención: "La inutilidad del sufrimiento", también por estos días vi en la televisión un documental donde los neuropsicólogos, neurobiólogos y demás profesionales neuros que podamos imaginarnos, hacían referencia a sus investigaciones enfocadas en la posibilidad de eliminar los recuerdos dolorosos de las personas. Así, inmediatamente me representé una sociedad de "muñecotes felices", pues imagino que nadie querrá ser infeliz si tiene al alcance de su billetera borrar aquellas memorias que lo hacen desdichado. ¡Bravísimo! ¿Cómo llegó esta comunidad de científicos a esta genial idea? La respuesta la encontramos en el camino inverso de la humanidad para eliminar el sufrimiento, o más bien, para anestesiar el sufrimiento.

El desarrollo de la ciencia comenzó a brindarnos una esperanza: la posibilidad de mitigar el dolor físico, comienza a crecer la idea de que no vinimos al mundo para atravesar un valle de lágrimas sino para descubrir un paraíso helénico. Echemos una ojeada a esta pequeñísima historia:

Los médicos, hasta mediados del siglo XIX, una vez perdido casi todo el conocimiento sobre las operaciones y las formas de anestesiar adquirido por los mayas y los egipcios, para mitigar el dolor de sus pacientes utilizaban el alcohol, la acupuntura, el frío y el oxido nitroso, este último popularizado entre los odontólogos. Comprendiendo el escaso poder analgésico de estos medios, no es de extrañar que fuese necesario atar el paciente a la mesa de operaciones, sujetarlo y aislarlo para que sus gritos no fueran escuchados por el resto de los pacientes que esperaban la misma suerte. Un 16 de octubre del 1846 este panorama varió al utilizarse en público el éter para anestesiar completamente a una persona durante una operación quirúrgica. Se había dado un paso gigantesco para eliminar el dolor. Otro buen día del 1899 se comienza a comercializar la aspirina, uno de los analgésicos más populares hasta nuestros tiempos. Ahora tampoco debemos soportar los "molestos" dolores de cabeza.

Desde entonces la medicina ha desarrollado una carrera vertiginosa enfocada a crear y perfeccionar medicamentos y formas menos invasivas y analgésicas para tratar el dolor de las personas. ¿Ha influenciado este hecho en nuestra forma de relacionarnos con el mundo? Por supuesto que sí.

Antes del 1846 las personas se centraban en disciplinarse para soportar el dolor, hoy si a alguno de nosotros nos proponen la idea de someternos a una operación como las que se realizaban en aquellos tiempos, sin duda alguna, muchos preferiríamos morir, en el sentido literal del término, no es una metáfora. Sucede que hoy nos centramos en corregir o eliminar el dolor a cualquier coste, incluso a base de drogas sintéticas y mortales como el LSD o el PCP. Se desarrolla entonces la algofobia, el miedo al dolor. Entonces, en esta sociedad donde se sobredimensiona el ideal de la felicidad, el sufrimiento se vuelve más dramático, adquiere dimensiones épicas.

Así, podemos hallar dos condicionantes sociales en la forma de comprender el sufrimiento, por una parte encontramos la exacerbación y el otorgamiento de un "suprasentido", por otra parte, aparece su descalificación. Ambas visiones podrían parecer antagónicas si la etimología del término no nos brindara la solución: la palabra sufrimiento adquiere dos grandes significados: angustia y conformidad; es decir, en el primero de los significados se recoge la molestia y el tormento; en el segundo se retoma la paciencia, la tolerancia, la perseverancia y la resignación necesarias. La segunda acepción no se refiere a un mal sino a una actitud frente a la vida.

Ahora podemos retomar la pregunta que dio lugar a esta digresión: ¿tiene verdaderamente sentido el sufrimiento? Hay maestras y padres que responderían con una regla: "la letra con sangre entra", es decir: el dolor enseña más que el placer por lo cual es imprescindible si se desea provocar un aprendizaje verdadero.

No obstante, considero que son igualmente negativas ambas visiones: comprender el dolor y el sufrimiento como una expiación imprescindible y glorificador o evitarlos para sumergirse en una búsqueda frenética de placeres analgésicos.

El sufrimiento siempre tiene un sentido, ¿no sería insultante decirle a alguien que sufre por nada? Puede ser que para nosotros no tenga sentido su causa pero evidentemente para la persona que lo vivencia es altamente significativo. Para algunos perder un vuelo no tiene grandes repercusiones, para otros es un problema enorme; para algunos la pérdida de un libro es algo insignificante, para otros significa la pérdida de un recuerdo valiosísimo e irrecuperable.

Cuando un hecho negativo nos atañe directamente resulta casi inevitable sufrir sus consecuencias, es humano sentir su impacto y entristecernos por el mismo. Esto tiene sentido. Lo que no tiene sentido es asumir el sufrimiento desde una actitud kármica, que nos vence y nos derrota, nos inmoviliza en el presente. No tiene sentido el sufrimiento cuando no aprendemos del mismo, cuando nos ata de pies y manos, cuando nos convierte en personas mustias y desesperanzadas. Tiene sentido cuando aprendemos una lección del mismo, cuando nos ayuda a darle más valor a la felicidad, cuando nos convierte en personas más resilientes.

Dos entes inmovilizadores: la culpabilidad y la preocupación

El sufrimiento posee dos grandes aliados que, en sus inicios, son alimentados por nuestra cultura: la culpabilidad y la preocupación.

¿Qué es la culpabilidad? La culpabilidad es el despilfarro de nuestros momentos presentes al estar inmovilizados a causa de un comportamiento pasado. La culpabilidad es sentirse mal, inadecuado, negativo por algo que hicimos pero que normalmente no podemos cambiar o quizás estamos demasiado ocupados regodeándonos en el remordimiento como para poder cambiar aquello que puede ser variado. En un caso o en el otro, solo nos hacemos daño sin variar objetivamente las situaciones.

Detengámonos un instante y rememoremos un momento en el cual nos sentíamos particularmente culpables por algo que ya había sucedido. ¿Cómo nos sentíamos? ¿Nos ayudaron estos sentimientos a salir de la crisis? ¿Nos sentíamos personas particularmente emprendedoras, capaces, autosuficientes?

La culpabilidad es un sentimiento negativo ya que despilfarra nuestras energías actuales de manera inútil, haciéndonos sentir molestos y deprimidos a causa de un acontecimiento que no podemos variar o sobre el cual poseemos poca influencia. Por supuesto, la magnitud de estos sentimientos puede variar desde una pequeña incomodidad hasta una severa depresión inmovilizadora, en dependencia de la culpabilidad que experimentemos y el significado que posea el "hecho culpabilizador" para cada uno de nosotros. Por ejemplo, hay dos personas apostando dinero en una carrera de caballos y ambos pierden. Para los dos ir al hipódromo es algo que deben evitar pero casi siempre sucumben ante la tentación, por lo cual al final del día se sienten inevitablemente en culpa. No obstante, uno de ellos es un hombre adinerado para el cual la suma perdida no significa nada, el otro es un obrero y aquel dinero podía solucionar los problemas económicos de su familia por un mes. El significado del hecho varía y por ende, la culpa que se experimenta es bien diversa.

A su vez, es esencial determinar las raíces de los sentimientos de culpabilidad que experimentamos. En muchas ocasiones las sensaciones displacenteras pueden tener igual intensidad pero la representación que poseemos de nuestra culpa varía. A veces el sentimiento opresivo que experimentamos se puede explicar por el hecho de haber cometido una falta, ya sea real o ficticia, es decir, existe un hecho del cual somos conscientes que explica, o al menos pensamos que justifica, nuestra culpabilidad. En otros casos experimentamos un sentimiento igualmente agobiante pero no conocemos cual es la falta o el error que hemos cometido, la representación de la culpa permanece inconsciente y reprimida. Nos sentimos culpables por la vida que lleva nuestro amigo o nuestro hermano pero no sabemos a ciencia cierta dónde erramos o cómo pudimos evitar esos hechos.

A su vez podemos encontrar diferentes porqués, diversos orígenes de las culpas, que las dividen en dos grandes tipologías:

1. Las culpas externas o como las llamó Wayne residuales: Esta culpa es la reacción emocional que las personas llevan consigo desde sus memorias infantiles. Muchas veces pensamos que la infancia es un periodo que ha quedado atrás, del cual solo recordamos aquellos momentos felices o dolorosos; sin embargo, es sorprendente la cantidad de culpas que cargamos en el saco de nuestra vida, algunas las pusimos nosotros mismos, otras; una inmensa mayoría, nos la pusieron los otros. No obstante, todas las arrastramos de forma acrítica hasta nuestro presente dejando que laceren el mismo.
   Algunas de estas culpas se sustentan en amonestaciones como: "Deberías sentir vergüenza por lo que has hecho", "Mamá no te querrá más si te comportas así nuevamente", "Eres un niño malo por

lo que le has hecho a tu hermano", "Tienes cosas más importantes que hacer, no te preocupes por mí que al fin y al cabo yo soy sólo tu madre", "Me dejaste avergonzado con tu comportamiento"... ¿Cuántas de estas frases y otras similares hemos escuchado a lo largo de nuestra vida?

Los adultos las repiten, de manera casi mecánica, sin percatarse del daño que pueden hacer y los pequeños van desarrollando la idea de que aquello que hacen es inadecuado, deben avergonzarse por ello, sentirse en culpa. Así, cuando llegamos a ser adultos incluso mantenemos relaciones de culpabilidad con algunas personas como pueden ser nuestros padres o hermanos. Nos sentimos culpables por lo que les puede suceder y tememos que cualquier cosa que hagamos pueda lastimarlos.

2. Las culpas internas o autoimpuestas: En esta segunda categoría la persona se siente inmovilizada por cosas que ha hecho recientemente pero que no tienen que estar conectadas necesariamente con algo que pasó en su infancia. Es la culpabilidad impuesta por sí mismo cuando se infringe una norma o un código moral. La persona comparte determinadas reglas sociales no obstante, las infringe y luego se siente en culpabilidad. Una de las culpas más típicas suele ser: discutir con alguien y luego reprocharse por la actitud que asumimos o por las cosas que dijimos sintiendo que somos una persona fea o negativa. Incumplir algo que siempre hemos hecho como: asistir a la iglesia o ir a la casa de los padres los domingos. Podemos sentirnos como una nulidad cuando no acudimos a la reunión convocada por la escuela de nuestros hijos, cuando inventamos una excusa para no compartir con el grupo de amigos... la lista puede hacerse verdaderamente inmensa.

Entonces la persona suele sentirse mal durante bastante tiempo aunque el dolor nada puede hacer para cambiar lo que ha sucedido. No solo se reprocha la acción que a sus ojos es inadecuada sino que se siente él mismo una persona inadecuada e indigna.

Ahora recuerdo algo que me sucedió no hace tanto tiempo. Estando en una cena de trabajo me introducen a una persona como un hombre excelente, que se preocupa y ayuda muchísimo al prójimo. Al rato, en un ambiente muy cordial, se desata una discusión filosófica sobre el por qué es necesario hacer buenas obras y precisamente este hombre intenta zanjar la cuestión con esta frase: "Hay que ser buenas personas porque los demás te están mirando y valorando". Yo verdaderamente me quedé atónita, no hablé mucho más en toda la noche.

Entonces, ¿hay que ser buenas personas porque tenemos miedo al juicio de los demás? ¿Hasta dónde es verdaderamente gratificante ser buena gente porque los demás te están juzgando? ¿Hasta dónde las culpas autoimpuestas son realmente nuestras? ¿Por qué yo debo seguir las normas de otros? ¿Por qué tengo que sentirme en culpa por incumplir con unas normas que no son las mías? ¿Por qué tengo que evaluarme con las normas de los otros?

Considero que hacer el bien o actuar correctamente debe provocar una pequeña/grande satisfacción íntima. Cuando el actuar correctamente se convierte en "el actuar correctamente" de los otros, nuestro comportamiento solo puede provocar la satisfacción del que ha evitado un castigo.

Haciendo referencia a las normas sociales y a cómo estas nos hacen sentir en culpa, encontramos el ejemplo más difundido y más explicativo: la sexualidad. Existe una frase que encierra el sentir de muchas personas y que recuerdo siempre cuando reflexiono sobre este tema: "quiero pero no debo". ¿Quién nos dice que no debemos? ¿Nosotros mismos o la sociedad? Una de las culpas más íntimas pero a la vez menos nuestras y donde se evidencia más claramente la influencia de la sociedad son las culpas sexuales. Cargamos a nuestras espaldas siglos de represión sexual y en su contraposición otros tantos años de libertinaje. Cuando los niños son pequeños los padres intentan alejarlos de la sexualidad y la forma que la mayoría de los progenitores asume es hacerlos sentir en pena por la misma, como si verdaderamente fuéramos culpables de haber venido al mundo siendo hombres o mujeres, como si nosotros hubiésemos decidido venir al mundo con un pene o con una vagina. Pero lo más asombroso es que normalmente cuando crecemos nos sentimos culpables por nuestra sexualidad y por la forma en que la expresamos. Sin necesidad de husmear en una consulta de psicología, podemos echar un pequeño vistazo a los foros relacionados con la sexualidad que pueden encontrarse en Internet. Allí encontramos muchísimas personas que se sienten culpables por las más disímiles razones: debido a las fantasías sexuales que experimentan, por sus prácticas sexuales cotidianas que se escapan de la "norma", por sus preferencias sexuales... la lista, una vez más, puede hacerse interminable. Muchos de estos sentimientos de culpabilidad provienen de cuando éramos pequeños y nuestros padres nos hicieron saber que las zonas erógenas eran sucias, intocables, debían esconderse... Al crecer, en vez de analizar la veracidad de estas creencias, asumimos esencialmente dos comportamientos: somos reprimidos y desarrollamos una sexualidad no gratificante o que nos hace sentir en culpa o al contrario, somos altamente desinhibidos y creemos que disfrutamos de todos los placeres sexuales imaginables, desligando la sexualidad del amor, de la belleza de la relación de pareja y así perdemos la posibilidad de encontrar el mayor afrodisíaco existente: el amor.

En este punto debemos hacer un alto para desligar la culpabilidad del aprendizaje de los errores pues parte del proceso de maduración de las personas implica admitir sus equivocaciones y hallar una manera de solucionarlas. Cuando nos concentramos en el pasado, sin perder de vista el futuro, con la óptica de aprender de los errores cometidos y hacer las cosas de una mejor manera, podemos sentirnos mal al percatarnos que todo pudo realizarse de una forma diferente, no obstante estaremos centrados en el aprendizaje, en lo positivo que puede extraerse de la situación. Se experimenta culpabilidad sólo cuando este sentimiento impide la actuación presente por el miedo a errar.

Entonces sería el momento de analizar los hechos desde perspectivas diferentes, poner en práctica nuevas creencias para afrontar la realidad:

- El pasado no puede ser cambiado por lo cual no queda sino aceptar los errores que hemos cometido y aprender de ellos.
- Todos poseemos gustos, inclinaciones y deseos que pueden no coincidir con las aspiraciones o tendencias de los amigos. Es importante aceptarlos como parte de nuestra personalidad y hallar una forma para expresarlos en el respeto a la libertad de los otros.
- Debemos valorarnos según nuestras propias normas, analizando si nuestros actos han sido productivos y satisfactorios para nosotros mismos.

Asumiendo en nuestra vida cotidiana estas tres formas de comprender y valorar las situaciones, los posibles sentimientos de culpabilidad se transforman en la asunción de la responsabilidad personal, alejándonos del sufrimiento, el inmovilismo y la preocupación estéril.

¿Qué es la preocupación? La preocupación es el mecanismo que nos mantiene inmovilizados en el presente debido a algo que tememos pero que pertenece al futuro y sobre el cual a menudo no tenemos ningún control. Es también una atadura que nos inmoviliza a actuar en el aquí y el ahora por el miedo a las posibles consecuencias.

Hay una frase que he escuchado bastante a menudo en boca de campesinos y obreros: "Si tu problema tiene solución, ¿para qué te preocupas?, si no tiene solución ¿para qué te preocupas?" Este pedacito de sabiduría popular siempre me ha fascinado pero desgraciadamente la he visto aplicar solo a pocas personas quizás porque al decir de Wayne: "*La preocupación es endémica de nuestra cultura*".

¿De cuántas cosas nos preocupamos diariamente? Hagamos un breve resumen mental: nuestras preocupaciones oscilan desde nuestro desasosiego por la existencia de las centrales electro nucleares hasta la picada inocua de una hormiga.

Gran parte de nuestras preocupaciones se refieren a cosas sobre las cuales no tenemos absolutamente ningún control. Podemos preocuparnos sobre todo lo que queramos, no existen límites a la preocupación humana, podemos preocuparnos por una guerra, por el curso de la economía mundial, por el riesgo de una pandemia o hasta por la posibilidad de que un fragmento de nave espacial detonada nos caiga en la cabeza mientras limpiamos el jardín, pero esta preocupación no nos traerá la paz, ni la prosperidad, ni una buena salud, ni nos resguardará de la casualidad. Como persona tenemos un control muy escaso sobre cualquiera de estas cosas por lo que preocuparnos por ellas no las resolverán. Cuando nos preocupamos por cosas de este tipo nos escudamos bajo la frase: "No puedo hacer nada, eso me preocupa", es decir, nos preocupamos porque no estamos en condiciones de hacer nada, reconocemos nuestra incapacidad de controlar la situación y aún así la asumimos como un problema a solucionar. Resulta un tanto contradictorio.

Olvidemos entonces las preocupaciones catastrofistas: las pandemias mundiales, las crisis financieras y los cohetes detonados y centrémonos en otro tipo de preocupaciones: las cotidianas, aquellas sobre las cuales poseemos algún grado de control y por lo tanto podemos resolver, al menos en parte. Solemos preocuparnos por la salud de todas las personas que amamos, nos preocupamos por su situación económica si pierden el trabajo, nos preocupamos si viajan pues pueden sufrir un accidente… En este caso nos escudamos tras la frase o el pensamiento: "Soy una buena persona porque me preocupo por todos y por todo por lo que nadie más se preocupa". Probablemente nadie más se preocupa por esos asuntos porque los otros se dan cuenta de la inutilidad de tal preocupación.

Podemos ir a las consultas médicas con nuestros familiares y asistirlos cuando están enfermos pero desgraciadamente no podemos devolverles su salud cual si fuéramos magos; podemos intentar agenciarles un trabajo a nuestros amigos u ofrecerles información acerca de cómo gestionarse una nueva posición pero normalmente no tenemos la oportunidad de brindarles un puesto; podemos darles información acerca de las aerolíneas más seguras pero desdichadamente no podemos impedir los imprevistos y las catástrofes aéreas. Esto no significa que no seamos de utilidad, al contrario, somos tan útiles como nuestras capacidades y potencialidades nos lo permiten, no nos mantenemos inmóviles por la preocupación sino que la combatimos con las armas que tenemos a nuestro alcance.

Existen otras ocasiones en las cuales la preocupación se convierte en una excusa para evitar el cambio: "soy gordo, soy feo". ¿Cuántas veces hemos escuchado a alguien quejarse, con rostro visiblemente preocupado, porque es demasiado "cualquier cosa"? ¿Qué hace objetivamente para cambiar su situación? Usualmente nada pues está atrapado en su preocupación y en las clásicas frases inmovilistas: "espero que las cosas vayan mejor" o "todo se solucionará solo".

Estas personas consideran que su rol en la situación es el del "preocupado", no les corresponde actuar, su responsabilidad es preocuparse por su estado, sin buscar causas ni soluciones. El inmovilismo más total, el sufrimiento más estoico.

Comprendiendo que la preocupación tal y como se pone en práctica en nuestra cultura resulta un fardo bastante inútil, es vital variar nuestras actitudes al respecto. Cuando nos sentimos preocupados debemos inmediatamente analizar qué grado de control podemos ejercer sobre la situación, cómo podemos variar objetivamente la misma y asumir nuestra cuota de compromiso.

Cuando la preocupación y la culpa se convierten en los generadores de sufrimiento, en este caso estaríamos forjándonos un dolor sinsentido que no es provocado por el medio sino por la actitud inmovilista y poco objetiva que asumimos ante las situaciones.

CAPÍTULO 10

Historia No. 10: El muchacho que andaba al pueblo

Un muchacho tenía la costumbre de andar al pueblo todas las mañanas para vender en el mercado los huevos frescos que producían sus gallinas.

Aquella mañana, bien temprano le tocó un vecino a su puerta. – Mi mujer está enferma y no puedo ir al mercado. ¿Podrías llevarme esta lana y dejársela al chico que la vende?

La carreta de la que disponía el muchacho era pequeña y no quedaba mucho espacio después de colocar sus huevos pero le apenaba negarle ese favor al vecino. Así, le dijo que no se preocupara.

A los pocos minutos llegó un amigo. – Ayer en el mercado me hicieron un pedido de pieles pero si no las llevo hoy pierdo la oportunidad. Tú sabes que necesito el dinero pero no tengo carreta. ¿Puedes llevarlas por mí?

El muchacho ya tenía la carreta bastante llena pero unas cuantas pieles más no harían gran diferencia. Además, sabía que su amigo debía mantener una familia numerosa. Le apenaba decirle que no. Así, le dijo que no se preocupara.

Colocó las cosas lo mejor que pudo en la carreta, se veía bastante atiborrada. A punto de partir llegó su hermano, le amarró dos cabras al final de la carreta y le pidió que las vendiera en el mercado al mejor precio posible.

Finalmente el muchacho emprendió el camino hacia el mercado. Estaba un poco nervioso pues sabía que las mercancías que llevaba significaban mucho para sus amigos. Al rato comienza a llover insistentemente. El nerviosismo del joven aumenta pues no está acostumbrado a guiar la carreta tan llena en esas condiciones. ¿Qué haría si se dañasen esas mercancías? ¿Cómo les pagaría a sus amigos?

Mientras su pensamiento divaga por las calamidades posibles, no se percata de la existencia de un lodazal y la carreta se atasca.

La lluvia aumenta. El muchacho intenta empujar pero la lana se ha mojado y ahora es muy pesada. Mientras remueve uno de los paquetes se caen unas pieles que terminan enredadas en una de las ruedas. El joven, visiblemente nervioso intenta remover la piel causándole el menor daño mientras las cabras comienzan a berrear. El caballo nervioso por los berridos hace voltear la carreta, las cabras logran zafarse y en su huida pisotean los huevos y las pieles. Los paquetes de lana caen al lodo.

Cuando el muchacho regresa a su casa sin las mercancías y sin el supuesto dinero los amigos creen que es un irresponsable. ¡Nunca más confiarán en él!

El agobio

¿En cuántas ocasiones hemos asumido el comportamiento del muchacho de la historia sobrecargándonos de tareas que objetivamente no somos capaces de llevar a cabo? ¿Cuántas veces hemos experimentado sensaciones de molestia sin saber discernir exactamente de dónde proceden?

En algunas ocasiones solemos sentirnos molestos, al parecer, sin causa alguna. Ante un incidente de escasa importancia podemos exhibir un comportamiento exagerado, un *overreacted;* ante una simple molestia, reaccionamos con una apatía extrema: "La vida no tiene sentido. No vale la pena esforzarse si nada cambia". ¿Qué sucede? ¿Por qué reaccionamos de esta manera?

Cuando se buscan las causas de estas reacciones se descubre que existe una fatiga increíble, un sentimiento de angustia, depresión, abatimiento provocados por la sobrecarga de los días anteriores donde nos desempeñamos al límite de nuestras fuerzas, sintiendo una presión extrema. Nos sentíamos agobiados, al borde de nuestras capacidades por esto, cualquier acontecimiento puede desencadenar la irritabilidad contenida, cualquier gota puede colmar el vaso.

El agobio es un llamado de atención, un mensaje de sobrecarga que avisa sobre la necesidad de enfrentar las situaciones de un modo diverso y variar el modo de comportarse. Es una reacción de alerta y defensa del organismo como un todo que lleva consigo un mensaje claro: "Estás sobrepasando tus propios límites".

¿Qué sucede cuando no escuchamos el aviso del agobio? Normalmente nos conduce a enfrentar las diversas situaciones cotidianas de la vida con un espíritu derrotista, negativo, pesimista; aparecen una serie de mensajes negativos hacia nosotros mismos que nos inducen a creer que no somos suficientemente capaces. Se desarrolla una tendencia a abandonar las tareas, disminuye la fuerza de voluntad en tanto desaparece la confianza en la posibilidad de éxito. A su vez se deterioran algunos hábitos de vida, sobre todo aquellos relacionados con la alimentación y el sueño. Todo esto conduce a un deterioro en las relaciones con los otros ya que al interactuar expresamos continuamente nuestro agobio, la falta de confianza y la irritabilidad que nos embarga. Nos conduce, inevitablemente, a un callejón sin salida, a un círculo vicioso: agobio-ineficiencia-estrés-agobio.

El agobio es entonces, sin duda alguna, un mal a combatir, comprendiendo que la mejor cura es la prevención. No obstante, el principal problema para su prevención radica en que normalmente el agobio solo es descubierto cuando se encuentra en su fase final, cuando estamos sobrecargados, estresados, deprimidos e irritables pues al principio comenzamos diciendo: "un poco de trabajo de más no está mal". "Esto también lo puedo hacer, buscaré el tiempo y las fuerzas". Y así poco a poco nos vamos sobrecargando con tareas que sobrepasan nuestras fuerzas, nuestra capacidad e incluso, exceden el tiempo objetivo que tenemos para dedicarles.

¿Cuáles son las causas del agobio?

El agobio, al igual que las barreras, presenta dos grandes facetas: las que se originan en nuestro medio y las que nosotros mismos generamos. Las condiciones producidas en el medio son fácilmente detectables, existen personas y situaciones que son particularmente agobiantes: la carga de trabajo extra que nos proporcionan porque somos personas muy capaces (la persona que es altamente capaz termina por atiborrarse de una cantidad de trabajo imposible de realizar, a la larga, se convierte en un trabajador ineficaz), el jefe que es insufrible, el amigo que no se la puede pasar sin nosotros, el vecino que es intransigente, los niños que demandan una atención excesiva...

Pero todo esto tiene un límite si nosotros sabemos decir: "es demasiado, no puedo hacerlo de esa forma, ahora no tengo tiempo, tengo otras prioridades". Cuando no sabemos parar, somos nosotros mismos los generadores de nuestro agobio o, en el mejor de los casos, nos convertimos en cómplices ingenuos de aquellos que nos lo generan. En este momento el agobio se convierte en una barrera personal altamente dañina, sustentada en nuestra forma de comprender el cómo se deben enfrentar las tareas cotidianas, en la imagen que tenemos de nosotros mismos y en el nivel de confianza que poseamos en las otras personas.

Reconocer esta dinámica es un gran paso de avance porque nos permite iniciarnos en el camino para evitar el agobio. Comprender las causas y confiar en la posibilidad del cambio es el primer paso para el crecimiento.

¿Cuáles son las principales creencias generadoras de nuestro agobio? Existen esencialmente dos creencias que se muestran en la base de la mayoría de las situaciones a las que nos enfrentamos:

1. "Yo lo puedo todo": creemos que podemos realizar nosotros solos todas las tareas, poseemos cierto temor a dar una negativa a los demás y nos sobrecargamos de trabajo. Deseamos ser de ayuda, brindar

nuestras fuerzas y finalmente abusamos de nosotros mismos. Esta creencia usualmente se sustenta en el deseo de ser percibidos como personas altamente capaces y muy disponibles.

No somos personas menos capaces si aceptamos que algunas tareas no se nos dan particularmente bien o simplemente no tenemos experiencia haciéndolas. Todos tenemos áreas en las cuáles nos desempeñamos excelentemente, otras en las cuales formamos parte de la media y aquellas en las que somos definitivamente pésimos. Aceptar éste hecho es comprender nuestro lado humano y admitir que necesitamos de otras personas que son más capaces que nosotros en algunas áreas.

No estar disponibles en algunos momentos no significa que seamos malas personas sino que tenemos otra prioridad. Dar una negativa es un derecho que quizás deberíamos ejercitar más a menudo para defender nuestra privacidad y nuestras preferencias.

2. "Solo yo puedo": pensamos que todas las situaciones andarían mejor si las manejáramos nosotros mismos, ninguna tarea es realizada de manera totalmente adecuada si no la supervisamos o la realizamos nosotros. Esta creencia se sustenta en una desconfianza en las potencialidades de los otros y una exacerbación de la confianza en las posibilidades individuales.

Usualmente no somos imprescindibles, aunque cueste aceptarlo. Probablemente nuestra experiencia o capacidades nos conviertan en la persona idónea para realizar alguna actividad pero sin duda alguna no somos la persona idónea para llevar a cabo todas las tareas del mundo; así es importante dejarle espacio a los otros y confiar en sus potencialidades. La creencia del "solo yo puedo", además de sobrecargarnos, lacera las posibilidades de desarrollo de las personas que están a nuestro alrededor, poniéndolos en la posición de los eternos aprendices mediocres.

El resultado de ambas creencias: ante la sobrecarga de tareas no sabemos cómo reestructurar nuestra rutina diaria para que el tiempo se alargue, no logramos realizar con eficacia las diferentes ocupaciones que hemos asumido y poco a poco nos volvemos irritables, agobiados, comenzamos a dudar de nuestras capacidades, nos deprimimos y esto nos vuelve más irritables, agobiados, ineficaces y desconfiados cerrando un círculo vicioso.

Puede ser que en este mismo momento nos venga a la mente la imagen de algún amigo que se comporta de esta forma, que se sobrecarga y se agobia de forma increíble; no obstante, es importante detectar aquellas situaciones en las cuales nosotros mismos nos hemos auto agobiado.

Muchas veces nos agobiamos porque no somos capaces de comprender y delimitar nuestras responsabilidades y compromisos, nuestros deberes. ¿Conocemos con exactitud el contenido de nuestro puesto de trabajo? ¿Somos conscientes de todos nuestros deberes laborales? Comúnmente algunas personas (casi siempre los jefes), que no conocen con profundidad el campo de acción de una profesión, le piden a un profesional de una rama determinada que asuma algunas funciones que son ajenas a su conocimiento y por lo tanto, estos no son capaces de llevarlas a cabo o se desgastan en el aprendizaje de un contenido que mal realizarán. Nuestra competencia y nuestros deberes laborales son limitados. ¿Hasta dónde somos responsables por nuestros hijos jóvenes? La juventud es el momento en que los hijos comienzan a dejar el hogar en busca de su independencia por lo cual, debemos preocuparnos por ellos pues nuestro rol de padres jamás cesa pero a la vez debemos brindarle una libertad de acción y disminuir nuestra actitud demasiado protectora; la vida de nuestros hijos son suyas, podemos prestarles ayuda pero nunca podremos vivirlas por ellos; nuestra responsabilidad es limitada. ¿Hasta dónde podemos solucionarles los problemas a nuestros amigos? Evidentemente hasta donde podamos ser útiles, los problemas de nuestros amigos son suyos, podemos ayudarlos pero nunca podemos decidir por ellos por lo tanto, nuestro compromiso es limitado.

En la mayoría de las ocasiones, inmersos en el deseo de ayudar a los otros o realizar alguna tarea que consideramos importante, no tomamos conciencia de nuestras propias limitaciones. Los seres humanos somos ilimitados en nuestros sueños y en nuestras ansias pero somos limitados, al menos temporalmente, no solo por las condiciones externas sino también por nuestras condiciones internas. Es evidente que nacer en una época trae beneficios pero también acarrea algunos imposibles, la existencia del tiempo y el espacio lleva consigo su dosis de limitaciones, una enfermedad reporta sus restricciones; las barreras externas son múltiples. No obstante, de éstas tomamos mayor conciencia, el problema esencial radica en la aceptación de las limitaciones internas. Somos capaces de superar nuestras capacidades, de reducir constantemente los márgenes que nos limitan, pero en cada "aquí y ahora" hay algo que no podemos hacer de manera inmediata. Asumir retos que están por encima de nuestras capacidades actuales y de las potencialmente realizables es también favorecer la aparición del agobio. Todo tiene su momento y todo exige un conocimiento asertivo.

Cuando nos enfrentamos a situaciones que nos demandan un sobre esfuerzo antes de aceptarlas siempre debemos preguntarnos primero el porqué: ¿Qué

189

sentido tiene esa tarea para mí? ¿Soy la persona idónea? ¿Tengo objetivamente la capacitación y el tiempo necesarios para realizarla? ¿Cuáles son mis prioridades? ¿Cómo centra esta tarea con mis prioridades? ¿Cuáles de mis rutinas o tareas cotidianas no es necesaria y consume un tiempo necesario?

Cuando realicemos esta limpieza mental y asumamos estos análisis como una forma de enfrentar el vértigo de la cotidianidad dejaremos de ser Superman o la Mujer Maravilla pero a la vez nos sentiremos más relajados, más centrados en nuestras tareas importantes, más eficientes y por tanto, más a gusto con nosotros mismos, alejando la sombra del agobio.

CAPÍTULO 11

Historia No. 11: La conclusión errada

El Director de una importante empresa se encontraba en la necesidad de cubrir un puesto de cierta responsabilidad que había quedado vacante. Hace llamar inmediatamente al Jefe de Recursos Humanos y le pide su opinión. Éste le señala el buen trabajo que ha venido desarrollando un joven. Cree que sería la persona exacta para el puesto.

El Director decide hacerle pasar una pequeña prueba al joven, lo llama a la oficina y sin comunicarle sus intenciones de promoverlo le encarga un informe.

– Necesito realices este informe; no es para mañana sino para hoy. Quiero que pongas tu mayor empeño.

El Director recibe una buena primera impresión por parte del joven.

Pero el joven, que no es tan confiado de sus capacidades, al llegar a su puesto de trabajo comienza a pensar: "me ha dicho que es para hoy, no para mañana, ¿pensará que hago mi trabajo con lentitud?"

Esta idea no abandona su cabeza mientras comienza el informe encomendado. Al rato se percata que ha cometido varios errores y detiene la actividad, otra idea surge en su mente: "También me ha dicho que ponga mi mayor empeño. ¿Pensará que soy descuidado o incapaz?"

Intenta solucionar los errores cometidos en el informe pero se encuentra tan ofuscado por estas ideas que no lo logra. Decide tomar un descanso y beber un café. En la sala se encuentra con el Director que le sonríe y le pregunta cómo va todo.

"Me pregunta cómo va el informe. De seguro cree que no lo puedo hacer" –piensa inmediatamente el joven e inconscientemente muestra su preocupación y desagrado.

Vuelve al trabajo pero después de un rato se desconcentra, las mismas ideas vienen una y otra vez a su cabeza y aparece la sonrisa del Director como una luz de neón que le dice: ¡incapaz! "¿Será que quiere echarme del puesto?"- se pregunta.

Un rato más tarde cuando su asistente le pregunta, como todos los días, si desea ir a almorzar, el joven, ostensiblemente irritado le grita que lo deje en paz.

Casualmente el Director pasa por allí en aquel momento y escucha estas palabras. El joven no le parece tan adecuado para el puesto.

Finalmente el informe está listo al día siguiente.

El joven no pudo eliminar estos pensamientos en toda la noche. Cuando fue a entregar el trabajo estaba totalmente seguro que el Director creía que él era un incapaz y que lo echaría a la calle. Así, en el encuentro deja entrever su molestia e incluso cierto irrespeto por el que no sería más su jefe.

El Director lo deja ir sin decirle nada, luego llama al Jefe de Recursos Humanos y le dice:

- Necesito otra propuesta para el puesto. El joven que me recomendó realiza bien su trabajo pero es un poco irrespetuoso, es muy susceptible al estrés de las fechas topes y además, no posee buenas relaciones con sus subordinados.

Girando en círculos: El pensamiento rumiativo

¿Cuántas veces nos ha sucedido lo que al joven de la historia? ¿Con qué frecuencia sacamos conclusiones precipitadas que entorpecen nuestro funcionamiento eficaz? ¿En cuantas ocasiones nuestra mente es asaltada por pensamientos indeseados que martillean una y otra vez? Si en alguna ocasión nos ha sucedido esto, sin duda alguna hemos arribado a la convicción de que es más fácil detener un tren en plena marcha que dejar de pensar. De hecho cuando estamos en estado consciente las más diversas ideas no dejan de afluir a nuestra mente; el problema comienza cuando estas ideas se vuelven recursivas y molestas, cuando no nos dejan pensar con la claridad necesaria.

En nuestra convulsa cotidianidad normalmente enfrentamos disímiles situaciones potencialmente estresantes que requieren la movilización de la mayoría de nuestros recursos psicológicos para instrumentar una solución eficaz. No obstante, debido al agobio, la depresión, el miedo… de los que somos presa fácil, la respuesta a la que arribamos puede no ser tan eficaz. Usualmente estamos tan sobrecargados que nuestro umbral de aceptación al estrés es muy bajo y la capacidad de solución que exhibimos se puede evaluar en números negativos, bajo cero. Entonces, cuando la más ínfima situación puede hacernos explotar, puede desbordar nuestros recursos psicológicos, aparece una tentativa fallida de antemano: el pensamiento rumiativo.

La persona con pensamiento rumiativo tiene una forma de pensar cíclica y presenta una serie de ideas negativas y recurrentes que le causan molestias.

Esta manera de procesar la información favorece la aparición de comportamientos desadaptativos que le provocan sentimientos de malestar.

¿Cómo puede descubrirse la existencia del pensamiento rumiativo?

1. Aparición de ideas indeseadas, normalmente de valencia negativa, que vienen a la mente incesantemente.
2. Se arriba siempre a la misma solución debido a que se sigue la misma lógica de pensamiento manejando una y otra vez la misma información sin cambiar la perspectiva con la cual se afronta el problema.
3. Negatividad exacerbada en la forma de comprender las más diversas situaciones que resultan frustrantes.
4. Un estado de ánimo mantenido y caracterizado por la desmotivación para poner en práctica las soluciones halladas, desesperanza y depresión/ansiedad.
5. Incidencia de estas formas de pensar en la eficiencia a la que estamos acostumbrados ya sea en el área estudiantil, el puesto de trabajo o las relaciones de pareja. Disminuye la capacidad atencional, aumenta la irritabilidad y se deterioran las relaciones interpersonales.

Existen determinadas situaciones ante las cuales solemos responder con un pensamiento rumiativo, a todos suele sucedernos en algún momento de nuestra vida, pero existen personas que tienen una tendencia particularmente marcada a responder ante las más disímiles problemáticas con un estilo de pensamiento repetitivo e ineficaz. Es un estilo que se va instaurando y del cual solo nos percatamos cuando está tan desarrollado que afecta nuestro desenvolvimiento, nuestras relaciones y nuestra eficacia comportamental.

El pensamiento rumiativo es una barrera autoimpuesta que nos impide analizar las situaciones desde diversos puntos de vista, encerrándonos en una comprensión parcializada y negativa de las situaciones. Este tipo de pensamiento es altamente dañino ya que resulta determinante para la aparición de la depresión y la desesperanza, que con el transcurso del tiempo pueden desempeñar un papel decisivo en el desenlace de cuadros hipertensivos e incluso de accidentes cerebrovasculares e infartos cardiovasculares.

¿Cómo funcionan las personas con pensamiento rumiativo?

Primeramente debe especificarse que normalmente el pensamiento rumiativo aparece solo ante una situación significativa para el sujeto, cuando la persona se enfrenta a una problemática que hace eco en su sistema de necesidades, intereses y valores. Dicho de esta forma puede parecer que la gama de situaciones ante las cuales la persona responde con un pensamiento rumiativo es pequeña; sin embargo, no es así.

Cuando nos enfrentamos a las más diversas situaciones cotidianas intentamos comprenderlas y brindarles un sentido para poder responder a las mismas coherentemente. Muchas veces esta atribución de sentido se realiza de forma no consciente. Tomemos como ejemplo una pequeña instantánea de la historia que da inicio al capítulo: El Director le sonríe al joven y le pregunta cómo va la realización del informe.

¿Es esta una situación significativa? ¿Puede una simple sonrisa hallar eco en nuestro sistema de necesidades, intereses y valores?

Sí y no. Depende esencialmente de cuál sea nuestro sistema de necesidades y de la interpretación que hagamos de la situación.

Las personas que tienen un pensamiento rumiativo poseen una forma altamente negativa de comprender y vivenciar las situaciones y un egocentrismo elevado por lo cual la mayoría de los hechos de la vida cotidiana pueden ser potenciales desencadenantes del pensamiento rumiativo. Casi todo lo que sucede a su alrededor tiene alguna relación con ellos e intentan darle un sentido pero ¿cómo puedes darle un sentido positivo a una situación si estás repleto de sentidos negativos? Casi imposible. Entonces, para las personas con pensamiento rumiativo, la conversación banal con la chica del supermercado o con la señora de la oficina, la risa del joven que se sentó a su lado en el cine... casi todo puede despertar una rumiación: "¿Por qué la chica del supermercado no me sonrió?, ¿le resultaré una persona desagradable? ¿La señora de la oficina no fue atenta? Debí hacérselo notar, no soy suficientemente fuerte de carácter. El joven del cine se pasó todo el filme riendo, debí decirle que me molestaba. No soy capaz de hacer valer mis derechos..." Esta resulta una forma de rumiación con matices un tanto paranoicos.

Existe, sin embargo, otra forma menos centrada en sí mismo y más enfocada a las repercusiones emocionales de las situaciones. Una forma de rumiación, si se quiere llamar de algún modo, un tanto catastrofista. Por ejemplo, son aquellas personas que tienen problemas económicos de repercusiones medianas pero comienzan a pensar en los posibles desenlaces fatales, que probablemente nunca se verificarán, en el sufrimiento, la tensión y la depresión que pueden sobrevenir... Así, estas ideas sobre lo que está sucediendo y sobre lo que puede suceder, colman sus pensamientos impidiéndoles pensar con la claridad suficiente como para hallar una solución y salir de la crisis pero a la vez afectan sus relaciones interpersonales y su efectividad en el trabajo.

Las rumiaciones, sean del tipo paranoico o catastrofista, son ideas que aparecen una y otra vez aunque la persona no lo desee y normalmente, aumentan de manera progresiva la negatividad de sus contenidos. Junto a esta recurrencia se desarrolla una forma de pensar cíclica, es la búsqueda del por qué, el intento de solución.

En una ocasión solicitó mi ayuda una señora con un aumento recursivo de sus crisis hipertensivas.

Para controlar la hipertensión, desde el punto de vista psicológico, son esenciales los ejercicios de relajación pero también es importante variar la forma en la que comprendemos y enfrentamos las situaciones estresantes.

Cuando no existe una variación que implique cambios fisiológicos de importancia como el malfuncionamiento de un órgano o la variación de los hábitos dietéticos; normalmente detrás de los aumentos de presión se esconde la imposibilidad de manejar alguna situación: la señora no quería que su única hija, recién casada, abandonara la casa familiar.

Al preguntarle si había valorado otras posibilidades de solución para que, tanto ella como su hija, se sintieran satisfechas; me expresa que: "no hay más posibilidades, lo he pensado mucho y siempre llego a la misma conclusión: tiene que quedarse en casa".

Después de varias sesiones descubrimos que: 1. la señora creía que el motivo por el cual su hija deseaba irse de la casa era porque no sentía hacia ella el mismo cariño y temía que la distancia física disminuyera este amor; además, 2. nunca había valorado verdaderamente una solución diferente a que la joven se quedara a su lado.

La hipertensión solo era una somatización del conflicto irresuelto, un resultado de sus rumiaciones.

Esta señora partió de una creencia errada: dio por supuesto que la distancia física elimina el cariño filial. Así, cada vez que intentaba hallar una solución para su problemática a su mente solo acudían ideas que reforzaban esta creencia, imágenes de soledad, indefensión, pensaba en lo difícil que sería crearse nuevos hábitos... Entonces no es de extrañar que siempre arribase a la misma conclusión, la más sencilla.

Las ideas negativas recurrentes conducen al pensamiento a transitar siempre el mismo camino, a seguir la misma lógica y finalmente arribar a una única solución. Es un círculo vicioso donde se analiza una sola perspectiva, generalmente de carácter altamente emocional, centrada en los perjuicios emocionales que recibiremos de no poner en práctica lo que consideramos es "la única solución posible". Así, el humor negativo, depresivo, matiza y determina todo el proceso de búsqueda de alternativas.

A su vez, la señora en el intento de darle un sentido a los deseos de su hija, encontró una causa errada: la joven deseaba construir otro hogar pero continuaba profesándole el mismo cariño. Precisamente éste constituye otro de los pilares fundamentales del pensamiento rumiativo: la atribución inadecuada de las causas de las problemáticas o las vivencias frustrantes. Volviendo al ejemplo de la historia: "el Director me pregunta cómo va el trabajo porque cree que soy incapaz", o quizás: "mi pareja no se percató de mi nuevo color de labios porque ya no le intereso suficientemente"... Y con este prisma continuamos atribuyendo significados a cada situación hasta el punto que si no nos detenemos a tiempo: la hija abandona la casa porque la madre se convierte en una persona que lo desea controlar todo, perdemos el trabajo porque nos volvemos verdaderos ineficientes y, nuestra pareja comienza a preguntarse cuando fue que nos convertimos en esa persona histérica que tiene a su lado...

En otras ocasiones es posible hallar las causas pero se evidencia la incapacidad para generar y poner en práctica soluciones eficientes, produciéndose los correspondientes sentimientos de desesperanza, preocupación y desmotivación. Las personas que responden a los conflictos desarrollando un pensamiento rumiativo, aunque logren desmembrar las principales causas, no son capaces de eliminar los síntomas negativos y elaborar planes de acción para solucionar el problema o llevarlos a cabo.

Existe aún otra posibilidad: hay personas que aunque presentan un pensamiento rumiativo logran encontrar soluciones altamente eficaces, sin embargo, el deseo de ponerlas en práctica se reduce.

Así, el pensamiento rumiativo conduce a tres grandes formas de funcionamiento: 1. La centración en los aspectos eminentemente emotivos de la situación que impide hallar las causas reales y arribar a una solución efectiva; 2. La posibilidad de hallar las causas reales pero la incapacidad de encontrar una solución eficaz y; 3. La posibilidad de hallar una solución medianamente eficaz pero no existe la motivación suficiente para ejecutarla. Por supuesto, estas formas de funcionamiento pueden complementarse en dependencia de la situación que enfrente la persona; no son etiquetas, son generalizaciones que pueden variar de persona a persona y de situación a situación.

¿Por qué disminuye la necesidad de implementar las soluciones?

Una explicación puede encontrarse en el hecho de que el pensamiento rumiativo al volver continuamente sobre las mismas ideas se encierra en sí mismo propiciando una afectividad negativa, aparecen sentimientos de insatisfacción, inseguridad, indefensión y depresión; la persona piensa que nada cambiará, por lo tanto, ¿para qué intentarlo?

Otra posibilidad explicativa se encuentra en que el pensamiento rumiativo ha demostrado actuar más como un mecanismo de autocomplacencia que como un potente resolutor de problemas. La persona no siente la necesidad de implementar la solución pues se satisface con sus propios pensamientos. Aunque no lo creamos, las ocasiones en que esto nos ha sucedido en nuestra cotidianidad resultan bastante elevadas. ¿Cuántas veces hemos elaborado en nuestra mente un discurso largo y resentido para dispararlo contra alguien que en ese momento no está presente? Pasa el tiempo y el discurso se hace más molesto, usamos palabras más fuertes, no podemos quitarnos de la cabeza estas ideas. Pasa el tiempo… Cuando la persona arriba ya no sentimos la necesidad de hacer ese discurso airado. La idea, la imagen, la representación del acto fue suficiente.

A su vez, las personas con pensamiento rumiativo valoran constantemente la efectividad de la estrategia a utilizar y buscan nuevas estrategias pero no con el objetivo de ponerlas en práctica sino como una forma de autocomplacencia o descarga emocional.

Esta disminución de la necesidad de implementar las soluciones se traduce en una reducción de las respuestas agresivas enviadas al medio. Desde esta perspectiva puede considerarse como una estrategia positiva, al menos momentáneamente, pues posee efectos negativos a largo plazo en tanto la rumiación se mantiene, causando los consabidos daños psicológicos.

Pelotas contra la pared: el efecto rebote

Para la mayoría de las personas que poseen un pensamiento rumiativo, estas ideas recurrentes llegan a resultar extremadamente molestas por lo que utilizan diferentes tácticas para eliminarlas.

No obstante, eliminar las ideas recurrentes no resulta tan sencillo, alrededor de un 80% de las personas que lo intentan no lo logran; aparece el "efecto rebote": en el intento de deshacerse de estos pensamientos intrusivos y molestos muchas de las estrategias que utilizamos, nos lo devuelven con más fuerza. Cuando descubrimos la existencia de ideas rumiativas intentamos cambiar el contenido del pensamiento, ya sea variando la actividad que estamos realizando o simplemente pensando en hechos agradables; sin embargo, resulta inútil, al poco tiempo nos encontramos nuevamente con las mismas ideas molestas.

Un solo distractor es suficiente para eliminar las rumiaciones pero las personas con pensamiento rumiativo no suelen encontrar el distractor adecuado. La búsqueda de distractores está determinada por los recursos psicológicos que posea la persona, así, si un individuo es rígido, estereotipado, carente de creatividad y además presenta un pensamiento rumiativo, es muy probable que su *background* de potenciales distractores se reduzca a una o dos posibilidades, que utilizará una y otra vez sin alcanzar el éxito.

¿Cuáles son los distractores más frecuentes que utilizan las personas para eliminar estas ideas?

En las investigaciones que hemos realizado se observa que más del 50% de las personas prefiere como distractor fundamental: la realización de una tarea nueva. Esto es, cambia la actividad que estaba haciendo inicialmente por otra, que puede no ser ni más interesante ni desafiante que la anterior. Si por el contrario la persona estaba descansando, decide comenzar alguna tarea que "le ocupe su mente".

Por supuesto, en la mayoría de los casos esto resulta completamente ineficaz. Si realizamos una actividad cuya esencia podemos llevar a cabo de manera automática, el pensamiento no se verá comprometido y se encontrará completamente libre para mantenerse en su curso rumiativo. Si decidimos irnos a correr pero lo hacemos por la misma calle que ya conocemos, es muy probable que estemos corriendo al lado de la rumiación, si por el contrario necesitamos fijar nuestra atención en un nuevo recorrido, es muy probable que la rumiación desaparezca. ¡Alerta! Debemos estar seguros que podemos concentrarnos en la nueva vía, de lo contrario podemos terminar atropellados por un auto o perdidos en un lugar donde no sabemos ni cómo llegamos.

Por otra parte, menos de un 20% de las personas intenta eliminar las rumiaciones pensando en hechos positivos o intentando solucionar un problema completamente diferente y ajeno a los contenidos de las ideas negativas.

Mientras, existe un 10% que no sabe qué hacer ante estas rumiaciones y renuncia al intento de suprimirlas. Normalmente esta es la peor opción ya que no se trata de una estrategia pensada, donde paulatinamente la rumiación va desapareciendo sino que es brindarle curso libre a las ideas negativas que pueden llegar a consumirlos, a dañar a la persona.

¿Cómo transcurre este proceso de supresión?

El intento supresivo transcurre en dos procesos simultáneos: uno controlado y otro automático. El primero es un proceso consciente donde la persona necesita concentrarse, se refiere al descubrimiento de los pensamientos no deseados y a su reemplazo por otros. Al mismo tiempo se desencadena un proceso no automático de autoobservación donde la persona escruta su mente en la búsqueda de la existencia de trazas de aquellos pensamientos que desea suprimir.

Realicemos un pequeño experimento casero (que fue llevado a cabo anteriormente por Wegner a escala de laboratorio) para poder explicitar cómo funciona éste mecanismo.

Complete la siguiente frase sin tomarse demasiado tiempo para pensar su respuesta: Las mujeres que salen con muchos hombres son..........................

Ahora, complete la misma frase pero intente no ser sexista, prejuiciado o agraviante en su respuesta, tómese su tiempo: Las mujeres que salen con muchos hombres son..........................

¿Fueron idénticas ambas respuestas? Probablemente no pues en el primer caso respondemos con la primera frase que nos viene a la mente, aquella que proviene de nuestra forma de pensar estereotipada y etiquetadora. En el segundo caso tenemos la posibilidad de reflexionar sobre nuestra respuesta, incide un mecanismo consciente que nos regula las posibilidades existentes, descartando aquellas que no resultan adecuadas.

¿Cuáles fueron los resultados hallados por Wegner?

Más o menos los mismos, con la diferencia que él, además, descubrió que las personas con pensamiento rumiativo que están habituadas a suprimir sus ideas molestas, negativas, cuando se les brinda la segunda orientación, producen menos ideas estereotipadas que las personas normales, controlan mejor su pensamiento pero... si se les brinda la primera orientación, donde no le dan tiempo a suprimir sus pensamientos, brindan un mayor número de respuestas estereotipadas. ¿Qué indica esto?

Que el mecanismo supresivo no funciona correctamente porque solo se ha eliminado la expresión o la manifestación de la idea que resulta molesta para nosotros mismos o para los otros; pero realmente, la idea continua existiendo. ¿Por qué la idea no se elimina verdaderamente? Porque la persona continúa creyendo en el estereotipo. No se ha cuestionado el mismo y por lo tanto, continuará respondiendo con la misma etiqueta, siempre que no regule conscientemente sus respuestas.

Realicemos otro pequeño experimento, también llevado a cabo a escala de laboratorio, esta vez por Macrae.

Tomen una hoja de papel y describan cómo se imaginan un día normal de una persona que es cantante de una banda de rock. ¿Qué hace? ¿Dónde va? ¿Cómo se relaciona? Por favor, eviten todo estereotipo que puedan poseer sobre los roqueros e intenten ser creativos.

¡Perfecto!

Ahora tomen otra hoja de papel y describan cómo se imaginan un día normal de una persona que es cantante de una banda de rock. ¿Qué hace? ¿Dónde va? ¿Cómo se relaciona? Escriban libremente, no repriman ninguna idea que venga a sus mentes, solo imaginen y escriban.

Ahora haga un alto y compare ambas historias. Deben ser diversas.

Los resultados de Macrae mostraron que el grupo instruido para suprimir los estereotipos había incluido más referencias estereotipadas en la segunda descripción que aquel grupo que había hecho ambas descripciones libremente. ¿Hacia dónde nos conducen estos resultados?

Después de una represión inicial, los contenidos reprimidos vuelven a la mente con más fuerza. La respuesta al porqué de ésta contradicción radica en que el ciclo que se lleva a cabo en el proceso supresivo promueve por sí mismo la reaparición de las ideas indeseadas. Como consecuencia del proceso de autoobservación, de vigilancia, para que estas ideas no accedan a ocupar nuestro pensamiento, las mismas cobran mayor importancia y se activan. Por ejemplo, ¿seremos capaces de cumplir una orden sencilla y bien precisa: "explora tus pensamientos pero intenta no pensar ni por un segundo en los elefantes rosados"? Probablemente no, pues el simple hecho de tener que excluir los elefantes rosados de nuestro pensamiento, ya los incluye, una y otra vez, el propio proceso de vigilancia los incluye. Al contrario, si simplemente nos hubieran dado la orden: "explora tus pensamientos", posiblemente nunca se nos hubiese ocurrido pensar en los elefantes rosados.

¿Siempre tiene que suceder así? Por supuesto que no, de lo contrario este epígrafe sería una alegoría al pesimismo.

El efecto rebote se evidencia cuando:

1. No somos capaces de detectar las causas que dan origen a los pensamientos rumiativos. Es decir, no estamos preparados para descubrir qué nos escondemos a nosotros mismos detrás de esa preocupación recurrente.

2. Utilizamos el distractor inadecuado: vamos a una fiesta porque estamos deprimidos aunque nunca nos ha agradado particularmente andar de jerga, leemos un libro aunque la lectura nos aburre desde que éramos niños, decidimos ver el filme que nunca hemos disfrutado porque nos parece insufrible de antemano... ¿a quién queremos mentir? Evidentemente nuestro pensamiento no se deja engañar con estos trucos de segunda mano.

3. Las ideas que deseamos suprimir son concordantes con nuestro estado de ánimo. Por supuesto, si estamos deprimidos es difícil eliminar las ideas negativas y llenarse de pensamientos positivos. Queremos eliminar las ideas recurrentes pero no hacemos nada por cambiar el estado de ánimo. Los estados emocionales y los pensamientos son un todo, se determinan mutuamente, por lo tanto, debe incidirse sobre ambos.

4. Se adopta una actitud de sobrevigilancia para con estas ideas indeseadas. Nuestra mente no es un lugar amurallado, más bien es un lago donde casi todo puede entrar pero también casi todo puede salir. No tiene sentido convertirnos en el vigilante obsesivo de un espacio tan dinámico y flexible como es nuestra mente.

¿Qué hacer para eliminar las ideas recurrentes y molestas?

No pretendo brindar una receta preestablecida, única y eficaz para todos sino compartir mis experiencias positivas al respecto.

Como hemos visto las ideas rumiativas y las formas de pensar recurrentes transcurren porque enfrentamos negativamente alguna situación atribuyendo las causas erróneamente o brindándole un matiz pesimista a lo que sucede.

Primero es vital comprender cuales de estas ideas no tienen un sentido desarrollador en tanto no nos brindan un camino resolutorio para nuestro problema. ¿Qué nos quieren decir estas ideas? ¿Qué nos dicen de nosotros mismos, de nuestros miedos, de nuestra forma de ser y comprender el mundo? ¿Qué cosa no somos capaces de aceptar que es productora de ese malestar?

Una vez que determinemos que las ideas son contraproducentes y comprendamos qué mensaje nos quieren transmitir podemos preguntarnos sobre la veracidad de estas creencias, cuál es su origen y cuál es nuestra responsabilidad en su formación: ¿Es totalmente válida la razón que sustenta estas ideas? ¿Existen otras formas de comprender el asunto? ¿Pude cometer un error? ¿Cuál es exactamente mi responsabilidad?

Cuando nos percatemos de la falsedad de estas ideas debemos determinar qué comportamientos y hábitos favorecen el desarrollo de las ideas recurrentes. ¿Ante cuáles situaciones respondemos generalmente de manera rumiativa? ¿Qué hechos me resultan particularmente significativos como para responder a los mismos con una rumiación? ¿Resulta positiva la rumiación para solucionar el problema?

Una vez contestadas estas preguntas, estamos en disposición de cambiar las ideas recurrentes por frases positivas. Es decir, cuando pensamos: "la crisis económica me llevará a la depresión más total, no podré salir jamás de ella"; debemos replantearnos: "la crisis que enfrento es un momento puntual en mi vida, ¿qué puedo hacer para atenuar sus repercusiones?".

De esta manera, paulatinamente, lograremos variar las ideas recurrentes y molestas que constituyen un freno para comprender y solucionar los problemas de una manera positiva y satisfactoria. El cambio no resulta sencillo, pero si se sustenta en un conocimiento profundo de nosotros mismos, tampoco resulta una misión imposible de alcanzar.

CAPÍTULO 12

Historia No. 12: El buscador

Había una vez un hombre que deseaba conocer todo el mundo. Era un buscador de sentidos. Un buscador de sentidos es alguien que desea hallar sus propias verdades para encontrar el sentido de su vida.

Un día se encontró a su paso una pequeña ciudad que no parecía brindar nada importante para su búsqueda pero como estaba anocheciendo, decidió pernoctar allí.

Para llegar a la ciudad debía pasar por una colina de un verde precioso donde se divisaba un cementerio que exhibía unos monumentos espléndidos. Decidió entrar a contemplar aquellas bellezas escultóricas pero con la curiosidad del buscador, comenzó a leer los epitafios: "Jorge P, vivió 9 años, 7 meses, 3 semanas y 4 días". Sintió pena al pensar que un niño tan pequeño estaba enterrado en ese lugar.

Continuó leyendo los epitafios mientras miraba las esculturas: "Roberto H, vivió 6 años, 9 meses y 5 semanas". El buscador continuó leyendo y se sintió terriblemente conmocionado, olvidó la belleza de las estatuas, aquel lugar era un cementerio de niños, no cabía dudas. Nadie sobrepasaba los 10 años.

Al llegar al hostal del pueblo, con un dolor terrible le pregunta a la primera persona que encuentra: - ¿Qué sucede en este pueblo? ¿Qué cosa terrible les sucede a los niños? ¿Por qué existe todo un cementerio de niños?

La persona sonríe y le responde: -Puede usted tranquilizarse, lo que sucede es que aquí tenemos una antigua costumbre: cuando un joven cumple 15 años, sus padres le regalan una libreta, y es tradición que, a partir de ese momento, cada vez que uno disfruta intensamente de algo, abre la libreta y anota en ella: que fue lo disfrutado y cuanto tiempo duró ese gozo. ¿Conoció a su novia y se enamoró de ella? ¿Cuánto tiempo duró esa pasión enorme y el placer de conocerla?... ¿Una semana o quizás dos? Y después... la emoción del primer beso, ¿cuánto duró?, ¿El minuto y medio del beso o se extendió por dos días o una semana?... ¿El embarazo o el nacimiento del primer hijo?... ¿El viaje más deseado?... ¿El encuentro con el hermano que vuelve de un país lejano?... ¿Cuánto duró disfrutar de estas situaciones? Quizás horas o días. Así vamos anotando en la libreta cada momento de felicidad. Cuando alguien muere, abrimos su libreta y sumamos el tiempo de lo disfrutado para escribirlo sobre su tumba. Porque para nosotros, ese es el único y verdadero tiempo vivido. [7]

Lo verdaderamente importante. El sentido de la vida

¿Cuál es el sentido de la vida? Muchos pueden contestar que el sentido de su vida es alcanzar la felicidad, esa felicidad con mayúsculas. Pero, ¿ser feliz es un sueño inalcanzable o una realidad a la vuelta de la esquina? Las respuestas a esta pregunta pueden ser tan variadas y multifacéticas como personas existen pero de lo que no cabe duda alguna es de que la felicidad ha sido la utopía por excelencia de la humanidad.

Considero que existen a *grosso modo* dos grandes representaciones de la felicidad que se han popularizado, vulgarizado, idealizado... y todos los demás adjetivos que pueden sumársele, siempre que tengan idéntico significado.

En primer lugar podemos hallar la tan citada Iluminación de Buda que se sustenta en las Cuatro Nobles Verdades: 1. la vida es sufrimiento; 2. la causa de este sufrimiento se encuentra en que el hombre desconoce la naturaleza de la realidad y esto le provoca temor y angustia existencial; 3. para terminar con el sufrimiento el hombre debe superar su ignorancia; y por último, 4. la forma para dar fin al sufrimiento es el Camino de las Ocho Etapas: poseer una visión adecuada de las cosas, buenas intenciones, un modo de expresión correcto, realizar buenas acciones, tener un modo de vida adecuado, esforzarse positivamente, poseer buenos pensamientos y por último, dedicarse a la contemplación del modo apropiado. En fin, la promesa de la felicidad eterna a través del conocimiento; aunque es bastante comprensible que ante tal descripción mostremos cierta desconfianza pues el camino parece un poco inalcanzable, con cierto sabor a cuento de hadas.

Por otra parte, existe una frase que siempre me ha llamado poderosamente la atención y que ha sido desgastada y mal utilizada por los manuales de autoayuda: "Las llaves de la felicidad están en nosotros mismos", pero ¡cuidado!... las guarda alguien que nunca somos nosotros mismos. Así, debemos tener fe en la existencia de esa felicidad con letras mayúsculas y en la buena voluntad de su cuidador. Es una felicidad sustentada en la fe que administra otro.

Estas representaciones de la felicidad son, sin duda alguna, un mito construido para entretener a las personas con la promesa de un futuro, mientras que se consume su presente.

Yo no deseo ser partícipe de la construcción de los paraísos helénicos, esos donde las ánimas viven en total felicidad, rodeadas de praderas suaves, árboles, brisas acariciantes y otras almas que siempre sonríen y están en perfecta armonía consigo mismas, con los otros y con el entorno. Considero que este "tipo de felicidad" no puede convertirse en el sentido de nuestras vidas y por lo tanto no es ésta la felicidad que intento promover. No quiero presenciar la conversión de las personas en "muñecos felices", esos de sonrisas perennemente atornilladas, completamente falsas. Hago referencia a la felicidad como el ansia de vivir plenamente y obtener bienestar de la vida, hablo de la felicidad cotidiana. No me refiero a la felicidad del tener sino a la felicidad del ser. No me interesan los patrones o podría decirse: estereotipos de felicidad construidos por la sociedad para mantenernos maniatados de pies y manos; prefiero la felicidad construida por cada uno de nosotros, la felicidad individual.

¿Qué significa ser feliz? Por favor, en nuestra respuesta no nos perdamos en el mundo de las abstracciones y los conceptos, detengamos un momento la lectura y pensemos qué es la felicidad para cada uno de nosotros. Rememoremos los momentos en los cuales nos hemos sentido verdaderamente felices. Probablemente los recuerdos que acudan a nuestra mente serán muy sencillos, incluso cotidianos y no demandaron de enormes esfuerzos o de recursos materiales para que se hicieran realidad. En esos momentos probablemente sentíamos que: no lo teníamos todo, pero poseíamos aquello que realmente era importante en nuestra vida, aquello que verdaderamente contaba.

Ser feliz es encontrarse a sí mismo hallando placer en lo que uno hace y es. La felicidad es algo tan extraordinario y tan sencillo a la vez como la alegría de sentirse vivo.

No obstante, ¿cuántas veces olvidamos esto? Cuando era pequeña leí una historia que me permito recrear ya que la memoria no me es suficientemente fiel como para recordar el libro y poder transcribir la fábula.

Era una vez un barquero que llevaba por las aguas de un río turbulento a un importante hombre de negocios de la ciudad.

El hombre de negocios, poseedor de una cultura envidiable pero que nunca había conversado con alguien de la plebe, entabla conversación con el barquero e inmediatamente y muy asombrado, se da cuenta que aquella persona nunca había salido de las cauces de ese río y no había conocido más gente que los simples campesinos que allí habitaban.

- ¿Has visto alguna vez la Capilla Sixtina, aunque sea en fotos?
- No. – Le responde el barquero.
- Has perdido un quinto de tu vida. – Le riposta el hombre de negocios y le pregunta a la vez - ¿Has oído alguna pieza de Mozart?
- No. – Le responde una vez más el barquero.
- Has perdido otro quinto de tu vida. ¿Has leído a Shakespeare?
- No señor, no sé leer.
- Has perdido la mitad de tu vida si no sabes leer –. Le responde el hombre de negocios.

Mientras éste se preparaba para lanzar otra pregunta, llegan a una parte del camino donde el río, verdaderamente turbulento, hace peligrar el equilibrio de la embarcación ante lo cual el barquero le pregunta al hombre de negocios – Y usted señor, ¿sabe nadar?
- No.
- Pues usted acaba de perder la vida entera.

Esta historia, un poco exagerada, no es un discurso dirigido contra aquellas personas de cultura vastísima sino un ejemplo perfecto para explicitarnos la importancia de las cosas que son verdaderamente necesarias en ciertos momentos y para demostrarnos cuan variables pueden ser las percepciones personales sobre lo que es más importante.

Como el señor de negocios de la historia, también yo he apreciado maravillas arquitectónicas que me han conmocionado, he admirado las principales obras de arte de la plástica y me han hecho vibrar las interpretaciones de

Mozart y las de Beethoven y aquellas de Verdi e incluso las de Chopin. He alcanzado logros profesionales con los cuales no soñé y que me han llenado de satisfacción. Todos han sido, indudablemente, momentos lindos, satisfactorios, pero cuando pienso en los momentos felices invariablemente mi memoria se llena de las personas que amo y que he amado, de los instantes más sencillos o trascendentales que hemos vivido juntos. No son las cosas materiales las que marcan la diferencia en nuestra vida, son las personas que están a nuestro lado, es la calidad de nuestras relaciones, lo que hace que cada momento sea verdaderamente único.

En muchas ocasiones perdemos la perspectiva de lo que es realmente importante en una situación específica. Se pierde la visión de lo que es necesario, justo y se pretende llenar con cosas insignificantes la ausencia de lo esencial. Aquel que llena un jarrón con arena (las cosas insignificantes), después no puede meter en él las pelotas de golf (aquello verdaderamente esencial para nuestra vida). Sin embargo, si primero nos preocupamos por meter las pelotas de golf, posteriormente habrá suficiente espacio para llenar el jarrón con la arena.

Las pelotas de golf representan el sentido de nuestra vida, aquello que nos sustenta en la debilidad, constituyendo el motor impulsor de nuestras acciones. El sentido de la vida es aquello que da significado a nuestras acciones, lo que sustenta nuestros proyectos futuros, el motivo de nuestros esfuerzos. Cuando se es capaz de conferirle un sentido a nuestra vida podemos enfrentar cualquier dificultad.

Victor Frankl, psiquiatra judío, vivió experiencias terribles en el campo de concentración de Auschwitz. En la compañía perenne de la muerte siempre se preguntó: ¿Cómo se puede sobrevivir a esas condiciones manteniendo la condición humana? ¿Cómo se puede luchar para vivir otro día más en esas condiciones? Muchas de las personas que sobrevivieron a los campos de concentración tenían un sentido de la vida bien definido, se alegraban de estar vivos y poder "disfrutar" de un día más, tenían la esperanza y la ilusión de poder alcanzar su sentido de la vida.

No obstante, en mi práctica clínica he encontrado algunas personas que presentan ideaciones suicidas, manifiestan síntomas de angustia, depresión y ansiedad. Estas personas han perdido su proyecto de vida futuro, presentan gran desesperanza, desconfianza en sus capacidades personales, sentimientos de desamparo y una gran apatía. Han perdido las ganas de vivir porque no le encuentran sentido a su existencia, todo les resulta sin sabor, no les motiva aquello que antes les hacía vibrar.

La persona que ha perdido el sentido de su vida, normalmente asume una actitud que lo traslada de la amargura a la desesperación más completa, a un estado de apatía e indiferencia que lo conduce a buscar las soluciones más drásticas e inadecuadas. ¿Cómo desarrolla una persona esta actitud? ¿Cómo puede perderse el sentido de la vida?

Podrían referirse, esencialmente, dos grandes casos prototípicos, que al contrario de lo que la mayoría de las personas podrían pensar, no están tan alejados de nuestra realidad cotidiana.

Existen personas para las cuales el sentido de su vida se encierra en otras personas o en poseer bienes materiales. Tal es el caso de los padres que "viven" para su hijo, la mujer que "vive" para el esposo o la persona cuyo único objetivo es acumular más y más dinero, más y más posesiones. ¿Qué

217

sucede cuando perdemos esta única razón para vivir? Se desmorona todo nuestro mundo como un castillo de naipes; sobre todo porque para muchas de estas personas es casi imposible generarse nuevos sentidos. Son personas a las cuales le es particularmente difícil aceptar las crisis y presentan una escasa flexibilidad para adaptarse a los cambios. Poseen sus significados, sus códigos y estereotipos previos y les resulta extremadamente arduo poder variarlos.

Por otra parte encontramos personas que aunque poseen claridad en cual es el sentido de su vida continuamente priorizan objetivos y tareas ajenas, hasta que llega un momento en el cual todo su día está repleto de actividades que no le son gratificantes y ni tan siquiera sabe por qué las hace. Pueden citarse como ejemplos aquellas personas para las cuales la familia es el centro de su existencia, su razón de existir; no obstante, dividen su tiempo entre el trabajo, la televisión y la Internet. Así, no es de extrañar que un día los hijos crezcan y dejen la familia. Al final de la historia estas personas se preguntarán cómo sucedió todo, cómo fue que el tiempo pasó tan rápido, cómo fue que sus hijos crecieron sin que ellos se dieran cuenta y, al final, pierden el sentido de su vida al sentirse fracasados en el logro de sus objetivos esenciales.

Así, no basta con tener un sentido bien preciso y estructurado para nuestra vida, al decir de Adler: *"El espíritu humano está demasiado habituado a encerrar en formas estáticas todo lo fluyente y a tomar en consideración no ya el mismo movimiento, sino el dinamismo congelado"*. Estamos acostumbrados a hallar una única respuesta, a encontrar un solo sentido, una sola explicación para todas las cosas que nos suceden; lo realmente triste no es que seamos capaces de vislumbrar solo una alternativa sino que nos quedamos satisfechos con esa unidireccionalidad que también aplicamos, sin siquiera percatarnos, a la construcción del sentido de nuestra vida. Lo verdaderamente importante es ser capaces de generarnos sentidos. Ser suficientemente flexibles como para posponer nuestros objetivos, variarlos quizás e incluso olvidarlos.

En algunas ocasiones nos continuamos comportando como el niño pequeño que mete su mano en el frasco de caramelos intentando sacar su puño con la mayor cantidad de dulces posibles. Resultados instantáneos: 1. El niño no puede sacar su mano por la abertura y se siente incapaz o 2. El niño saca su mano vacía y se siente igualmente incapaz. Son pocos los niños que logran sacar los dulces que puede y se sienten felices por su logro.

Es importante estar atentos a los momentos en los cuales es necesario aferrarse a nuestros principios e ideas, a nuestros sentidos y objetivos y comprender cuando es necesario dejarlos ir o variarlos. Desgraciadamente en muy pocas ocasiones los otros pueden discernir por nosotros. Por suerte o por desgracia el sentido no se da, no puede exportarse, se encuentra y se desarrolla por uno mismo. Es una búsqueda personal de significados, de lo que es verdaderamente importante y trascendental para cada uno de nosotros.

Existen sentidos de vida como los que se han descrito anteriormente que son tan estrechos que no dejan margen para vivir más allá de ellos mismos, que encierran la vida y las potencialidades de las personas. El sentido de la vida debe ser un generador de felicidad, un motor para vivir; no puede ser un fardo que se arrastra pesadamente y nos paraliza en el medio del camino.

¿Qué hacer cuando nos sentimos detenidos, cuando estamos inmovilizados por nuestros propios sentidos?

Primeramente debemos encontrarle un por qué a lo que nos sucede. ¡Cuidado! No se trata de buscar culpables sino de asumir nuestra propia responsabilidad en la situación. ¿Cuáles de nuestras barreras internas se está interponiendo en nuestro desarrollo?

Por supuesto, es más sencillo hacer dejación de nuestra responsabilidad, culpar a los otros por lo que nos sucede en vez de asumir nuestros comportamientos y sus repercusiones. Todo puede servirnos como chivo expiatorio si nos esforzamos en buscar la explicación errónea: el karma, el horóscopo, la maestra de la escuela primaria, el primer amor fallido del jardín de la infancia... cualquier pretexto es bueno con tal de no comprometernos nosotros mismos con el cambio.

Usualmente la resistencia al cambio es tan grande que sólo pensamos que la reforma es necesaria para los otros: "mi pareja debe ser más atenta conmigo", "mi jefe debe ser menos autoritario", "mi madre debe ser menos posesiva", "el gobierno debe ser más liberal"... Absolutamente todo debe variar, menos yo mismo. Entonces debemos tener en cuenta que culpar a los otros solo nos conducirá a un callejón sin salida porque probablemente los otros no cambien y posiblemente nosotros no tenemos el influjo necesario para hacer que cambien; así, solo logramos mantener el resentimiento y la sensación de impotencia.

Es vital comprender por qué nos sentimos mal y cuáles de nuestros comportamientos o ideas nos han conducido a ese estado. ¿Qué hicimos nosotros mismos para estar donde estamos? ¿Qué hicimos para sentirnos como nos sentimos? Una vez más: ¡Cuidado! Tampoco se trata de hacernos sentir como una basura, como un reservorio de culpas, se trata de delimitar nuestra responsabilidad para poder cambiar aquello que debe ser variado.

Luego que asumamos nuestras responsabilidades y tengamos la absoluta certeza de que solo nosotros somos los principales protagonistas de nuestras vidas, debemos concentrarnos en aquellas cosas que realmente nos alientan, no importa si fueron hechos pasados o si no han tenido lugar todavía. De esta manera podemos clarificar qué cosas nos hacen feliz, qué nos motiva, en qué cosas podemos centrar nuestros esfuerzos.

Una vez que tenemos definido que es lo que nos hace verdaderamente felices podremos precisar con claridad cuál es nuestro sentido de vida y orientarnos entonces hacia nuestro desarrollo personal y autocrecimiento.

Me gustaría terminar este capítulo con un recuerdo extrañamente feliz. Cuando tenía 16 años odiaba los exámenes que me hacían los profesores, hoy los odio todavía más porque he asumido el rol de profesora. Pero hubo un examen de la asignatura lengua española que me conmovió profundamente porque tenía un fragmento del Libro de los abrazos de Eduardo Galeano, aún hoy lo recuerdo palabra por palabra.

"Cada persona brilla con luz propia entre todas las demás. No hay dos fuegos iguales. Hay fuegos grandes y fuegos chicos y fuegos de todos colores. Hay gente de fuego sereno, que ni siquiera se entera del viento, y gente de fuego loco, que llena el aire de chispas. Algunos fuegos, fuegos bobos, no alumbran ni queman; pero otros arden la vida con tantas ganas que no se puede mirarlos sin parpadear, y quien se acerca se enciende."

CAPÍTULO 13

¿Cómo implementar los aprendizajes de este libro?

Existen varias posibilidades para las personas que hayan llegado hasta este capítulo del libro: algunas probablemente han aprendido algo a lo largo de la lectura: pueden haberse apropiado de algún mensaje que les ha resultado particularmente significativo, le han surgido dudas acerca de sus formas personales de enfrentar algunas situaciones, han decidido que el cambio es una parte intrínseca de la vida y se proponen enfrentar la misma desde una perspectiva diferente, más positiva... En fin, se han planteado sus propias preguntas y se han lanzado a la búsqueda de sus respuestas en aras de construir un camino personal. En ese caso el libro habrá logrado su objetivo.

También puede suceder, con esa mala manía que exhibo yo de vez en cuando, que cualquier lector esté leyendo este capítulo, simplemente, porque comenzó la lectura por el final. En ese caso, le aconsejo que se detenga y comience por el inicio.

Pero hay una última probabilidad: pueden existir otras personas que aún están esperando las reglas y los métodos para cambiar su vida en un giro de 180 grados. Entonces, este capítulo resulta ser cierto tipo de excusa para estas personas que esperaban recetas del "cómo debo hacerlo".

El problema es que, el "cómo debo hacerlo" de este libro, implicaría que les enseñe cómo vivir y cómo ser felices. Vivir es una experiencia personal, nadie puede decirnos la mejor manera de hacerlo; muchos pueden brindarnos una guía, compartirnos sus experiencias, hacernos llegar sus formas de comprender y enfrentar el mundo pero... ¡vivir! es una vivencia única. No busquen personas o libros que le estructuren en un recetario el cómo hacerlo.

Ahora tampoco brindaré recetas estructuradas sino que pretendo hacerles llegar una serie de actitudes que son necesarias para lograr poner en práctica los aprendizajes que he deseado transmitir a lo largo de estas páginas. Considero que para lograr un cambio verdadero son esenciales: la motivación por el cambio, el compromiso, la paciencia y/o perseverancia, la concentración, la actividad y una forma especial de relacionarse con nuestro yo.

1.   La motivación por el cambio.

Son muy pocas las posibilidades de éxito de una terapia en las personas que los otros arrastran a una consulta de psicología; aquellos que desean cambiar porque: "los otros quieren que yo cambie", "los otros me dicen que debo cambiar". Pero... ¿y tú? ¿Deseas cambiar o te encuentras cómodo en esa situación?

El cambio debe ser una decisión personal. Pero... ¡cuidado! La transformación no es un plan destinado a cumplirse en un futuro; no lograremos nada con las frases del tipo: "me dedicaré a mi misma una vez que los niños crezcan", "podré cambiar una vez que se eliminen mis problemas económicos", "dejaré de fumar"... Estas formas de pensar son un aplazamiento que esconden nuestra incapacidad actual para comprometernos con un cambio, son una excusa muy cómoda para mantener las cosas tal y como las conocemos.

Igualmente, algunas veces asumimos el cambio como una moda, nos dejamos llevar por el entusiasmo de la masa. Así, nos insertamos en la moda del *New Age* o quizás comenzamos a practicar ejercicios de yoga junto con nuestros amigos, para abandonarlos después de tres meses.

Para alcanzar una transformación en el orden psicológico es imprescindible que la persona desee lograr verdaderamente el cambio, que lo experimente como una necesidad intrínseca. Debemos comprender qué cosas andan mal en nuestra vida, cuáles son nuestras formas inadecuadas de enfrentar las situaciones, cuáles son las etiquetas que laceran nuestras potencialidades... y entonces; aceptar que necesitamos un cambio, no para complacer al otro sino para complacernos a nosotros mismos, para convertirnos en personas más libres, satisfechas y, ¿por qué no? para convertirnos en personas más felices.

No obstante, no iremos muy lejos si asumimos un cambio de esta magnitud como una necesidad secundaria, relegada a un segundo o tercer plano dentro de la totalidad de nuestras necesidades. Cambiar nuestros patrones mentales y alcanzar el equilibrio psicológico es una meta de prioridad absoluta pues se convierte en una forma para renovar nuestras relaciones interpersonales y mejorar nuestro desempeño laboral. Asumir que debemos enfrentar la vida desde una perspectiva diferente y más positiva es un cambio que repercutirá en todas las esferas de nuestra vida, por lo tanto, debe comprenderse como una necesidad de primer orden.

2. El compromiso.

Aceptar la necesidad del cambio personal es solo un primer paso, no basta para que éste se verifique; es necesario adoptar un compromiso personal para con la transformación. De lo contrario, prácticamente cualquier intento de cambio estará destinado al fracaso.

Probablemente no solucionaremos nada si solo leímos el libro porque estábamos de un humor decaído y después lo olvidamos, para retomarlo cuando caemos nuevamente en depresión. Asumiendo los aprendizajes del libro como un salvavidas de emergencia o como un *hobby* jamás cambiará nuestra vida. Las cosas que realmente se desean lograr deben enfrentarse con disciplina, con tesón, perseverancia y alto grado de compromiso personal. Todos sabemos que si deseamos bajar de peso no basta con ir al gimnasio cuando nos sentimos felices o tenemos la disposición, necesitamos comprometernos con el cambio y asumirlo disciplinadamente; pero solemos olvidar esta regla cuando se trata de los temas psicológicos.

Normalmente respetamos las citas que nos fijamos con los otros pero el tiempo que planificamos para nosotros mismos, usualmente queda desplazado e irrespetado. Asumimos compromisos para con nuestro jefe, con nuestros hijos, con la pareja, con nuestros padres, incluso nos comprometemos con la organización para la que trabajamos o con una causa social; pero en muy pocas ocasiones nos comprometemos con nosotros mismos. ¿Por qué? Porque creemos que no somos suficientemente importantes como para dedicarnos un tiempo a nosotros mismos o quizás pensamos que es una suerte de narcisismo o egocentrismo. Hacemos ejercicios físicos para prevenir las enfermedades; cuando el cuerpo se enferma, lo curamos; sin embargo, ¿qué hacemos para prevenir el estrés y el agobio? ¿Cuál es nuestra percepción del riesgo de adquirir una patología de índole psicológica? Probablemente muy baja. Pensamos que nuestro yo interno es algo que no necesita mucha atención, que simplemente funciona y funcionará por siempre.

Así, no nos tomamos en serio; sin embargo comprometernos con nosotros mismos resulta el más grande y ventajoso de los empeños que podemos asumir.

3.   La paciencia y/o perseverancia.

La sociedad actual nos arrastra a una carrera vertiginosa hacia ningún lugar. Nos apremia para que ahorremos nuestro tiempo para después desperdiciarlo en otras actividades que muchas veces no nos reportan ningún beneficio. ¿Sabías que la media mundial que las personas pasan delante de la televisión es de 3 horas y 38 minutos? Si tenemos en cuenta que pasamos como mínimo, 8 horas trabajando y al menos una hora diaria navegando en Internet, ¿cuánto tiempo nos queda para establecer relaciones interpersonales o para dedicarlo a nosotros mismos? No es de extrañar que luego un grupo de sociólogos de la Universidad de Maryland haya descubierto que las personas más infelices pasan más tiempo delante de la televisión. Por supuesto, una cosa lleva a la otra, cerrando un círculo vicioso.

La mayoría de los productos tecnológicos actuales, no se evalúan tanto por lo que sean capaces de realizar, sino por la rapidez con la cual ejecutan las tareas. Luego, nosotros como seres humanos nos valoramos con éste mismo criterio, pensamos que debemos ser cada vez más rápidos. En muchas ocasiones ni siquiera iniciamos alguna tarea que nos daría placer porque demanda demasiado tiempo. Si es algo que verdaderamente vale la pena, hazlo sin más; el tiempo transcurrirá inevitablemente.

El cambio personal es algo que necesita tiempo, no se evidencia de un día para otro; los frutos tardan en aparecer, por lo cual, la paciencia es imprescindible.

A la vez, casi todos los tipos de aprendizaje se evidencian lentamente; se comienza por aprender las cuestiones pequeñas, que muchas veces pueden parecernos una estupidez. Esos detalles son el primer paso para el cambio. Muy pocas personas comienzan su carrera dando una conferencia para miles de personas.

Debemos ser conscientes de que el comienzo es extremadamente difícil, probablemente nos caeremos y nos volveremos a caer; podemos tener la percepción de que nunca lograremos nuestro objetivo y quizás nos desesperaremos o desesperanzaremos. Esto solo implica la necesidad de tener paciencia y ser perseverantes; si cuando éramos pequeños nos hubiésemos detenido ante cada caída, probablemente hoy no sabríamos caminar.

Rememoremos alguna actividad que nos resultó particularmente difícil de aprender, quizás cuando comenzamos a conducir o la primera vez que nos sentamos frente a un ordenador, ¿no nos resultaban las cosas más complejas del mundo? Sin embargo, pusimos tesón y aprendimos porque teníamos la certeza de que lo necesitábamos. Con esta misma perspectiva debemos enfrentar el cambio mental.

Nadie pretende cambiar su físico de un día para otro, sin embargo, queremos que el cambio mental se verifique en un chasquido de dedos. Debemos tener presente que cuando comenzamos a cambiar entramos en una fase de transición donde los viejos patrones mentales y los nuevos se mezclan. En algunas ocasiones actuamos negativamente, otras veces asumimos una manera más positiva, nos movemos de lo nuevo a lo antiguo y en ocasiones nos descorazonamos. Esto es perfectamente normal, lo importante es continuar adelante y celebrar cada pequeño éxito. Lo importante es el aprendizaje que cada uno realiza en el camino.

4. La concentración.

En ese intento de ahorrar el tiempo, nos desesperamos y consumimos toda la información que podemos a la misma vez. No nos percatamos que los ordenadores modernos tienen más capacidad de procesador, los autos tienen más potencia pero nosotros tenemos el mismo sistema nervioso; sustancialmente no ha variado a lo largo de los años, al contrario, cuando envejecemos algunas de nuestras capacidades decrecen.

Cotidianamente nos relacionamos con una cantidad de información inmensa pero… ¿cuánta de esta información la hacemos nuestra? Quiero decir: ¿cuánta de esta información la procesamos, la comprendemos y se queda en nuestra memoria para sernos útil posteriormente? Probablemente muy poca.

Hoy resulta extraño llegar a la casa de nuestros amigos y poder establecer una conversación serena sin que éstos no se levanten, como mínimo, dos veces para responder al celular o sin que esté la televisión encendida. Luego, deben fumar, beber, comer... cualquier cosa excepto estar sentados tranquilamente, concentrados en una sola actividad.

En la actualidad nunca estamos solos, cuando no está nadie a nuestro alrededor basta conectarse a Internet para encontrar las personas virtuales. Hemos olvidado la importancia de estar solo y reflexionar sobre nosotros mismos.

Así, algunas personas exhiben una suerte de miedo a la soledad que conduce a la introspección. Quizás sustentado en un miedo a descubrir quienes somos realmente, qué cosas nos mueven. Quizás tenemos pavor a descubrir lo banal de nuestras motivaciones o a evidenciarnos nuestros defectos. Lo cierto es que la concentración plena en una sola actividad es una práctica ausente en nuestra forma moderna de enfrentar las tareas, cuanto más, la concentración en nosotros mismos.

Sin embargo, probemos a realizar las actividades cotidianas concentrándonos simplemente en esta única tarea. Probablemente encontraremos en ésta una nueva dimensión e incluso pueden resultarnos relajantes.

Para enfrentar el cambio personal necesitamos concentrarnos en aquello que deseamos variar, no podemos enfrentarnos a nosotros mismos estando dispersos pensando en lo que haremos en el próximo día. Necesitamos focalizar nuestras energías en el cambio.

5. La actividad.

¿Cuántas veces llegamos a una solución pero ésta caduca antes de ponerla en práctica?

¿Cuántas veces nos hemos dicho a nosotros mismos y a los otros: "sé perfectamente lo que tengo que hacer"? Pero... ¿lo estás haciendo? Probablemente no.

El momento en el cual tomamos conciencia de que necesitamos cambiar algo en nosotros, sin duda alguna, resulta un punto importante en el camino. Un paso más importante aún es cuando decidimos de una vez y por todas que vamos a cambiar, pero nada se transformará si todo queda en suspenso, como una idea o un plan futuro. El cambio es ahora mismo y se verifica en cada momento. Debemos llevar a la práctica esas nuevas ideas por las cuales sustituiremos los antiguos estereotipos. No basta con decir: "he dejado de ser una persona rígida", es necesario demostrárnoslos. ¿Cómo? Aceptando una invitación a la cual jamás habríamos asistido pues nuestra rigidez no nos lo permitía; variando nuestros hábitos diarios, degustando algún plato que nunca habíamos probado, conversando con una persona desconocida... los ejemplos son tantos.

El cambio y su puesta en práctica no debemos probarlo cuando estemos en tiempo de crisis. Aquel que compra una cuerda nueva para sujetarse en una escalada a los Alpes y espera a comprobar su estado una vez que está suspendido sobre la montaña, no muestra una gran inteligencia y sentido común. El cambio personal no es un producto para poner a prueba en tiempos de crisis, es una forma de vivir cotidiana, es una transformación que se debe experimentar día a día. Si en nuestra cotidianidad funcionamos rígidamente es muy poco probable que seamos capaces, en el medio de una crisis (donde nuestros recursos psicológicos se ven menguados), de actuar de manera flexible solo porque leímos un libro.

6. La relación con mi yo.

Independientemente de las formas anteriores de asumir el cambio, es imprescindible una consideración final que debe ponerse en práctica desde ahora mismo: ¿Cómo relacionarnos con nuestro yo?

Es urgente que dejemos de criticarnos, de juzgarnos y valorarnos negativamente. Usualmente somos demasiado críticos y perfeccionistas para con nosotros mismos, nos ponemos un listón demasiado alto para valorarnos, demandándonos cosas que muchas veces están más allá de nuestras competencias o potencialidades.

Si nos sobrecargamos con diferentes tareas, no resulta extraño que muchas de ellas no se terminen con una calidad excelente. En ese momento, en vez de decirnos que hicimos lo mejor que pudimos y obsequiarnos un descanso, nos recriminamos y nos centramos en los errores que cometimos.

Todos cometemos errores, es importante analizarlos y conocer dónde nos equivocamos pero eso no nos convierte en una persona mala o inepta. Debemos aprender a ser un poco más pacientes y condescendientes con nosotros.

Muchas veces, cuando nuestros compañeros de trabajo yerran, le brindamos frases de aliento: "no te preocupes, todos nos equivocamos", "la próxima vez saldrá mejor". ¿Qué nos decimos a nosotros mismos cuando nos equivocamos? Creo que es mejor no ejemplificar, serían frases censuradas.

231

Aprendamos a comprendernos un poco más, dándonos ánimo y automotivándonos. ¿Cuándo fue la última vez que nos hicimos un regalo? No me refiero a compramos una cosa que necesitábamos sino a darnos un pequeño placer.

Cuando alguien a nuestro alrededor hace algo bueno o estupendo, nos deshacemos en halagos y cumplidos. Esto resulta socialmente correcto. ¿Qué nos decimos cuando hacemos algo grandioso? Nada, no creemos que sea necesario exaltarnos.

Debemos cuidar de nosotros mismos, sin caer en posiciones narcisistas o egocéntricas. Debemos darnos impulso, fuerzas, adularnos cuando hicimos algo bien y regocijarnos por eso. No existe nada de malo en tratarnos de vez en cuando como a un niño pequeño y darnos pequeñas satisfacciones.

Otro aspecto esencial que debemos variar inmediatamente es nuestra tendencia a asustarnos y a asumir actitudes catastrofistas. Si a un niño le decimos constantemente que existe una crisis económica mundial donde muchas personas pierden el trabajo, que hay pandemias que nos acechan cada día, que mantener relaciones interpersonales es un asunto muy complicado, que podemos morir mañana mismo... pues probablemente estaremos fomentando el crecimiento de un adulto neurótico.

Existen situaciones atemorizantes para cada uno de nosotros con las que debemos lidiar. Esta es una realidad que no puede esconderse. Sin embargo, nuestro pensamiento no para de pensar en las consecuencias futuras, magnificando las mismas. Esto no tiene nada que ver con la estrategia de afrontamiento al estrés de prever las consecuencias para amortizar los daños;

me refiero a cuando asumimos un pensamiento que solo logra infundirnos temor y parálisis.

Debemos vivir en el aquí y ahora. No tiene ningún sentido atemorizarnos por aquello que puede no suceder.

Por último, pero no menos importante, debemos ser cada día más sensibles ante nuestro yo. Escuchémonos. Estamos acostumbrados a ser sensibles ante el auto: nos percatamos del más mínimo ruido, nos preocupamos y lo llevamos al mecánico. Somos sensibles ante nuestros hijos y con nuestra pareja. ¿Por qué no somos sensibles para con nosotros mismos?

Usualmente nos damos cuenta de que algo funciona mal físicamente porque conocemos el bienestar físico, tenemos un patrón de comparación. Sin embargo, muy pocas personas han experimentado el bienestar psicológico, entonces, probablemente no sepamos reconocer a tiempo las señales de desgaste y cansancio emocional.

Debemos aprender a escuchar las señales de nuestro yo, comprenderlas y satisfacerlas en la medida de lo posible, sin coartar la libertad de los otros.

Cada momento presente es una oportunidad para cambiar, es una nueva experiencia que nos abre pequeñas posibilidades para ser cada día personas más realizadas y felices. Cada final es solo un nuevo inicio, el camino no termina jamás.

¡Larga vida a nuestros caballos alados!

Para ti:

Soy pequeño. Muchas veces me asusta la inmensidad del mundo, pongo mi mayor empeño en comprenderlo pero no siempre lo logro. Entonces me entristezco, te necesito a mi lado.

Hay muchas cosas que aún no sé, estoy aprendiendo. A veces me equivoco, creo que los errores son necesarios. No me regañes por ellos, ayúdame a ser mejor.

Cada cosa nueva me asusta un poco pero quiero seguir adelante para descubrirla. ¿Por qué me detienes?

A veces me pierdo en un mundo de caballos alados y duendecillos, lo necesito para mantener viva mi creatividad. ¿Por qué me recriminas y quieres que lo comprenda todo como tú lo haces?

Algún que otro día también me siento agobiado por las tareas pero estoy seguro que si me ayudas podemos hacerlas juntos. ¿Por qué me dejas solo? Sabes que solo no puedo.

Hay momentos donde creo que no existo para ti. Cuando te veo tan absorto en tu trabajo. Cuando le dedicas tanto tiempo a los otros. Necesito tu atención y cariño.

Pero lo que más me entristece es que me compares con los otros. Yo soy deliciosamente diferente, acéptame como soy. No deseo andar un camino ajeno. Quiero construirme mi felicidad. Dame alas y ayúdame a volar.

Tu pequeño Yo

Referencias citadas en el texto

- Adler, A. (1959) *El sentido de la vida.* Barcelona: Luis Miracle.
- Damasio, A. R. (2001) *El error de Descartes.* Barcelona: Crítica.
- Delgado, J.; Herrera, L. F. & Delgado, Y. M. (2008) La mediatización del pensamiento rumiativo en el accidente cerebrovascular. *Duazary,* 1 (5), 15-23.
- Dennet, D. (199) *La libertad de acción. Un análisis de la exigencia del libre albedrío.* Barcelona: Gedisa
- Frankl, V. *(1996). El hombre en busca de sentido. Barcelona: Herder.*
- Fromn, E. (2008) *El miedo a la libertad.* Barcelona: Paidos Ibérica.
- Galeano, E. (1994) *El libro de los abrazos.* México: Siglo XXI.
- Gikovate, F. (1986) *Hacerse libres.* Buenos Aires: Pardes.
- Goicochea, C. (1952) *Diccionario de citas.* Barcelona: Labor.
- Hay, L. (1992) *Il potere è in te.* Milano: Armenia.
- Linton, R. (1938). [Untitled]. *American Anthropologist,* 40 (4), 734.
- Lorenz, K. (1984) *Il declino dell'uomo.* Milano: Mondadori.
- Macrae, C.N., Bodenhausen, G.V., Milne, A.B. & Jetten, J. (1994) Out of mind but back in sight: Stereotypes on the rebound. *Journal of Personality and Social Psychology,* 67, 808-817.
- Rosenthal, R. & Jacobson, L. (1980) *Pygmalion en la escuela. Expectativas del maestro y desarrollo intelectual del alumno.* Madrid: Marova.
- Vygotski, L. S. (1987) *Historia del desarrollo de las funciones psíquicas superiores.* La Habana: Científico-Técnica.
- Wayne, D. (2001) *Tus zonas erróneas.* Barcelona: Grijalbo.

- Weber, M. (1987) *Ensayo sobre sociología de la religión*. Madrid: Taurus.
- Wegner, D.M. (1994) Ironic processes of mental control. *Psychological Review*, 101, 34-52.

Algunas de las historias que dan inicio a cada capítulo son tomadas de diferentes fuentes (las cuales se citan a continuación). En todos los casos son recreadas por la autora de manera que el estilo de la misma se correspondiese con el estilo del libro y en aras de hacer más explícito su mensaje.

[1] Historia No. 1: ¿Cómo crecer? Tomada de: Bucay, J (2003) *Cuentos para pensar*. USA: Santillana.

[2] Historia No. 2: La inutilidad de la regla. La historia original se titula: Zapatos nuevos. Tomada de: Vallés, C. G. (2007) *Salió el sembrador*. Barcelona: Sal Terrae.

[3] Historia No. 4: Las galletitas compartidas. La historia original se titula: Lo tuyo y lo mío. Tomada de: Lopera, J. & Bernal, M. I. (2002) *La culpa es de la vaca*. Colombia: Intermedio.

[4] Historia No. 5: El misterio del elefante encadenado. La historia original se titula: El elefante sumiso. Tomada de: Lopera, J. & Bernal, M. I. (2002) *La culpa es de la vaca*. Colombia: Intermedio.

[5] Historia No. 6: La vaca. La historia original se titula: Empuja la vaquita. Tomada de: Lopera, J. & Bernal, M. I. (2002) *La culpa es de la vaca*. Colombia: Intermedio.

[*6] Historia No. 7: El portero del hotel. La historia original se titula: El portero del prostíbulo. Tomada de: Bucay, J (2003) *Cuentos para pensar*. USA: Santillana.

[*7] Historia No. 12: El buscador. Tomada de: Bucay, J (2003) *Cuentos para pensar*. USA: Santillana.

[*8] La historia original se titula: Huellas en el corazón. Tomada de: Lopera, J. & Bernal, M. I. (2002) *La culpa es de la vaca*. Colombia: Intermedio.

www.ingramcontent.com/pod-product-compliance
Lightning Source LLC
Chambersburg PA
CBHW070106290526
45789CB00005B/1945